The Impacts of Water Pollution on Economic Development in Sudan

Professor Dr. Issam A.W. Mohamed and Taisir Mubashar

ISBN-13: 978-1491265369
ISBN-10: 1491265361

DEDICATION

I dedicate my words and writings to my late Great father
Abdel Wahab Bob the Lawyer who spent his life
defending the weak and the meek people of Sudan.

The Impacts of Water Pollution on Economic Development in Sudan

Professor Dr. Issam A.W. Mohamed[1] and Taisir Mubashar[2]

[1] Professor of Economics, Alneelain University, Khartoum-Sudan. P.O. Box 12910-11111.
issamawmohamed@hotmail.com

[2] With great pain in my heart, I present this paper to the soul of my good student Taisir who passed away recently because of a Scorpion bite. She was washing her clothes in a traditional way when the scorpion came looking for a cool and damp place near Taisir's feet. She was bitten, taken to the hospital but passed away. If she lived longer her studies about water economics and pollution would have awarded her the PhD and more useful studies.

1. Abstract

Water pollution is a chronic crisis in Sudan that is rarely researched. However, it is combined with scarcity, disputes and uncertainty. In The current document we introduce its concepts with emphasis on the growing problems of pollution combined with scarcity. A Case study of the growing problem of pollution is introduced and analyzed using economic parameters.

2. مقدمة

جعل الله من الماء كل شئ حى " فهو عنصر أساسى للحياة يدخل فى جميع قطاعاتها فما من مجال من مجالات المجتمع الإنسانى والحيوانى والنباتى إلا وللماء دور أساسى فيه. وقد تصاعد اهتمام العالم بأمر الموارد المائية بصورة واضحة خلال العقود الماضية كإستجابة طبيعية لمعدلات النمو السكانى العالية ومتطلبات التطور والتنمية والتغيرات المناخية والعوامل الطبيعية والممارسات البشرية والملوثات باشكالها المختلفة من جهة ثانية. كما أن الساحة الدولية تضج بالمؤتمرات والدوريات وورش العمل والمؤلفات التى تدور فى فلك الموارد المائية هذا بجانب المعاهد والجامعات التى أفردت مساحات هائلة لقضايا الموارد المائية وفى الدول المتقدمة تحظى البحوث العلمية فى مجالات المياه بأكبر قسط من الميزانيات المخصصة للبحوث ويكفى أن نقول أن قضية المياه هى قضية اليوم والغد وقضية بقاء أو فناء. ومشكلة المياه عبارة عن مثلث أضلاعه هى

لحرب القادمة من اجل المياه وتلوث المياه وندرة وشح ُ ّ المياه. وقد تنبأ العلماء بأن عام (2.3.م) هو العام الذى ستندلع فيه الحرب من أجل المياماا الشُ ح ّ فقد اصبح العالم فعلاً يُعانى منه وقد أُطلق على عام (2..3م)عام المياه و ُوجد أن مليونان من البشر يتحرقون عطشاً فى العالم.أما مشكلة التلوث فهى ضية بذاتها وفى إعتقادنا انها ترتبط بكل من قضّيتى الحرب والشُ ح ّ إذ أن التلوث له يد فى الندرة وبماأن الماء الملّوث هو ماء غير صالح للإستخدام الانسانى أو الحيوانى والنباتى بالتالى هذا يساهم فى تقليص كمية المياه المتاحة للإستخدام ومن جهة أخرى فإن الصراع من أجل الماء أساسه التبوءات بأن نقطة المياه ستصبح أغلى من نقطة البترول فى الأعوام القليلة القادمة. القضية المحورة أو نقطة الإ رتكاز هى تلوث المياه. ولكلمة "تلوث" فى نفوسنا نحن ابناء الدول النامية والعالم العربى وقع يختلف عن وقعها فى نفوس أبناء الدول الصناعية فمع إقتناعنا التام بأن التلوث هو أحد أخطر ظواهر العصر الحديث إلا اننا نجهل مدى الخطر والعمق لهذه الظاهرة وكثيراً ما يصادف من يتصدى لهذه الظاهرة قدراً من اللامبالاة بين القراء وغالباً ما يُوصم بالتشاؤم وتشويه صورة الحياه الجميلة. ومشكلة التلوث من المشكلات التى تاتى فى المؤخرة فى قائمة الأوليات بالنسبة للدول النامية كما أن توفير المعلومات والحقائق عن حجم التلوث يعتبر خرق فاضح لأسرار الدولة. لذا فالمواطن يعتقد أن مشكلة التلوث هى مشكلة العالم الصناعى فى المقام الاول ومشكلتنا فى المقام الثانى أو الثالث[3] ولكن الحقيقة منافية تماماً لهذا الاعتقاد فظاهرة التلوث بغض النظر عن المتسبب فيها تكتسب بإطراد أبعاد عالمية والامر يعنى الأكثر تضرراً . أما تلوث المياه فيرتبط بتلوث الهواء حيث أن تلوث الماء يتسبب فى تلوث الهواء من خلال الرذاذ المتطاير من شواطئ البحار والمحيطات الملوثة

---

[3] سمير رضوان- 2002م – كتاب العربى

أما تلوث التربة فيعتبر من الأسباب الرئيسية لتلوث المياه الجوفية على وجه الخصوص. وقد فقد العالم الماء الطبيعي منذ السبعينات على حد قول العالم يورى تكاتشنو أشهر علماء المغنطيسية حيث ذكر أن ما يتناوله البشر الآن هو ماء ميت إذ تنعدم فيه صفات الماء الطبيعي[4]. أما أكثر الشعوب معاناة فهى بلا جدل الشعوب الأفريقية حيث أنها تأتى فى المرتبة الأخيرة من حيث توفر الخدمات المائية كما أن 0.5% من الأفارقة يعانون من أمراض سببها نقص المياه. وتناولنا العلاقات المتداخلة بين البيئة والاقتصاد والتنمية حيث ان هناك روابط قوية بين بين التنمية وتلوث البيئة خصوصاً التنمية الصناعية والتى لاتخضع للتقييم البيئى [EIA].وتعرض لبعض المشاكل البيئة العالمية والتى أهمها موت بعض الانهار فى العالم بسبب التلوث مثل (الراين)والذى أُعيد للحياه بعد جهد عظيمة من قِبل المسئولين وهذا بإختصار ما إحتوى عليه الفصل الأول أما الفصل الثالث فقد تناول مشكلة التلوث وربطها بالإقتصاد بما عُرف (بمشكلة فشل السوق) وقد تم التعرض لبعض النظريات الإقتصادية فى كيفية التعامل مع التلوث بصورة عامة ونرى أن نظرية لانور بيجو هى الاقرب للتنفيذ فى السودان من رصيفتها اليابانية الغارقة فى المثالية والاخرى التى تدعو للتفاوض بين المتضرر والمتسبب فى الضرر والتى لا تناسب بالطبع مع قطر مثل السودان. ومن السرد الوصفى نتوصل إلى حقيقة أن السودان يُعانى فعلاً من التلوث ليس فى مياه النيل فقط بل وصل الامر الى المياه الجوفية. وهناك مواطن مُعرض للخطر أكثر أخيه الذى يسكن فى مكان آخر بحيث يتوفر له قدر من خدمات المياه. ووجدت أن إهتراء شبكات ومواسير المياه وتهالك بنية الصرف الصحى والفضلات الإنسانية التى تحتوى على أخطر أنواع الديدان القولونية (E.COLI) بجانب إنعدم الوعى الصحى والبيئى الذى

[4] مجلة سد مروى – مايو 2003م

يتمتع به السواد الاعظم من الشعب السودانى كل هذه النواحى تدعم بصورة قوية قضية تلوث المياه وقد تم إثبات الفرضين الاول والثانى وتناولنا علاقة التنمية بتلوث المياه وجدنا أن هناك رابط قوى بين النشاطات التنموية وبين تلوث المياه كما أن هناك غياب تام للرقابة على هذه النشاطات وآثارها البيئية خاصة على الموارد المائية بالرغم من وجود القوانين التى تمنع تلوث المياه. وتلوث المياه يعتبر من العوائق الاساسية فى طريق التنمية لأن أول نتائجه السلبية تظهر على الإنسان نفسه وأكثر الأمراض ارتبطاً بتلوث المياه هى الاسهالات والتى تسببت فى موت الآلاف خاصة الأطفال وأن هناك آثار للتلوث المائى وإن أختلفت مسبباته وهى صحية تتمثل فى الامراض وتكاليف علاجها واقتصادية مثل استنزاف وتدهور الموارد واجتماعية ومنها الإعاقة والوفاة فى سن الإنتاج وبيئية مثل تدهور وإنقراض التنوع الحيوى. أما تكاليف التلوث فتتمثل فى انخفاض جودة الصناعة وتدهور المحاصيل وتكاليف العلاج وبناء المستشفيات والتنقية والمعالجة وتدهور التنوع الحيوى وتدهور السياحة وتدهور حجم الناتج القومى نتيجة المرض والإعاقة وأجيال ضعيفة و ربما مشوهة مستقبلاً . وتتلخص أهمية الموضوع فى أن السودان يحتل المرتبة الخامسة من قائمة الدول التى لا تستطيع تحسين أوضاعها من حيث قضية تلوث المياه و ذلك نسبة لفداحة التلوث الصناعى وسوء معالجة مياه المخلفات مما يشكل خطورة حقيقية على قواعد وأُسس التنمية. هذا مع انتشار الأمراض والأوبئة التى تنقلها المياه الملوثة والتى يسببها شرب المياه الملوثة. وبذلك ستمثل المياه فى المستقبل العائق الرئيسى للتنمية فى مناطق عديدة من العالم. والسودان كأحد الشعوب النامية نتجاهل بعض الامور الهامة مالم تحدث بعض الكوارث وحينها لا يجدُ دى التحسرعلى ما مضى ورغم أن قضية تلوث المياه قضية قديمة فى السودان إلا انها لم تُعطى مكانتها الحقيقة من الإنتباه والاحساس بالخطورة

والمسئولية. وعليه فإننا امام مشكلة تلوث تحيط بجميع الجوانب الحياتية وهذا المشكلة وإن فرضنا أنها خضعت للنقاش من قبل فلم تتم تغطية الجانب الإقتصادى منها. وهذه مجرد خطوة لدمج جميع الجوانب الأخرى مع الجانب الإقتصادى للوصول الى حلول جذرية. يهدف هذا البحث إلى الربط العلمي لتلوث المياه وعلاقته باجوانب الإقتصادية بجانب إثبات الحقيقة والتى مفادها أن للتلوث أثره على عملية التنمية ومسيرتها فى البلاد. ونفترض هنا أن تلوث المياه سبب رئيسى من أسباب ندرة المياه وأن إنعدام الوعى البيئى والصحى من أهم أسباب التلوث هذا بالإضافة إلي أن تلوث المياه من العوائق الرئيسية فى طريق التنمية.ومن صعوبات البحث أن هناك مناخ اللامبالاة وقُصور الفهم فى التعامل مع المشكلة المطروحة والتعجيز الذى وجدته من قبل الغالبية العظمى ممن تعاملت معهم فى هذا البحث مع صعوبة الحصول على المعلومة والبيروقراطية المفرطة فى الحصول على المعلومات. واتبع هذا البحث المنهج الوصفى التحليلى من مصادر أولية كانت عبارة عن مجموعة من المقابلات الشخصية التي تم إجراءها مع المختصين ومصادر ثانوية عبارة عن الكتب والمراجع والدوريات وأوراق العمل والمجلات.

يمكننا القول أن علم الاقتصاد البيئى هو علم مستحدث وإن كانت العلاقة بين الإقتصاد والبيئة قديمة قِدم التاريخ فالبيئة التى تُقدم عناصرها من ماء وهواء وتربة وبحار ومحيطات...الخ ، وثرواتها الطبيعية المتجددة كالزراعة والمصائد والغابات...الخ وغير المتجددة كالمعادن والبترول هى بذاتها التي تخدم الاقتصاد ليلبى بدوره حاجات الإنسان المتنوعة والمتزايدة لخلق بيئة أخرى سياسية واقتصادية وإدارية وصناعية...الخ وبذلك نجد أنها تؤثر على البيئة الطبيعة بطريقة أو بأخرى وهنا نبع التداخل بين علم الاقتصاد الذي يهتم بالمخرجات

وعلم البيئة الذى يقدم المدخلات الطبيعية وربما كان من الاجدى ان يبدأ موضوع هذا البحث بإقتصاديات التلوث الا ان أهمية هذه الجزئية نبعت من انها تمثل قاعدة تاريخية لا يمكن تجاوزها فى السرد الوصفى للموضوع.

ربط علم البيئة حديثاً علوم كثيرة منها الكيمياء الأحياء والاقتصاد...الخ. وجاء مُصطلح الاقتصاد الأخضر خصيصاً للربط بين الاقتصاد والبيئة[5]. وقد ازداد الوعي بالقضايا البيئية فى أواخر هذا القرن[6] حيث تفاقم الوضع بظهور المشاكل المجتمعية والاقتصادية من زيادة السكان ونقص الغذاء وتدهور البيئة وقضايا التلوث والتى تم ربطها بالمواضيع الاقتصادية من إنتاج واستهلاك وغيرها وسوف يتم تناول الاقتصاد والبيئة من محورين:

1. النشاطات الاقتصادية والبيئة.

2. النمو الاقتصادى والبيئة.

3. النشاط الاقتصادي والبيئة

لتوضيح العلاقة مابين النشاطات الاقتصادية والبيئة الطبيعية هناك نوعين من للنشاطات الاقتصادية وهما الإنتاج الذي يصنع الأشياء أو السلع Production is making things والاستهلاك الذي يستخدم هذه السلع Consumption is using commodities. والسلع ليست محصورة في السلع المادية فقط مثل الغذاء والكتب والتلفزيون والكمبيوتر...الخ بل هناك السلع المعنوية والتي تتمثل فى خدمات البنوك والصحة وإدارة

---

[5] محمد على السيد (1998م) الاقتصاد والبيئة- المكتبة الاكاديمية - القاهرة- ص 17

[6] Michael Common (1988) Environmental Economics: An Introduction. Longman, New York.

المؤسسات وفيما يختص بالاستهلاك الذي تقوم به الأسر(household) والإنتاج الذي تقوم به المنشآت (firm) فان العلاقة تبادلية بينهما اذ أن العائلات المُستهلكة هي كوادر في المنشآت بالتالي فهي منتجة ومستهلكة في نفس الوقت وقد استخدم الإنسان بيئته استخدامًا سيئا ظناً منه أنها يمكن أن تستوعب مُخلفات إنتاجه دائما ولكن ما حدث هو أن الإنسان قام استخدام بيئته كمستودع للنفايات ولمخلفات إنتاجه دون مرعاة أن لكل شئ سعة وطاقة معينة للإحتمال فمثلاً قام الإنسان بإفراغ مياه المجارى الملوثة في الأنهار بجانب النفايات الصناعية (غير المعالجة في الغالب الأعم) وإستخدام المبيدات والمخصبات بكميات هائلة مما اثّر في الزراعة والمياه وبالتالي إنعكس سلباً على صحته و بالتالي مُعدل إنتاجيته. والبيئة بدورها وكما ذكرنا آنفا لها مواردها الطبيعية سواء أن كانت معدنية او غابية او حيوانية... الخ والتي تخضع للتدهور والإستنزاف او الإنقراض فعلى سبيل المثال اذا تتبعنا النهر حتى المصب نجد أن هناك من يصب مياه المجارى (Sewage) أو مخلفات الصناعة (Industrial Effluent) ونجد بعض المنشآت التي تسحب المياه من اجل المجارى والبعض يمارس الصيد من اجل التجارة Commercial (Fishing) بجانب من يريد السباحة. وسعة النهر لإنجاز أى من هذه النشاطات محدودة وتحُدد بما يسمى بالطاقة الاستيعابية للنهر (Carrying Capacity) وهى (مقدرة الوسط البيئي على التخلص من التلوث). وهذا ما أطلق عليه الكاتب التطور الطبيعي للنهر بمعنى إستيعاب النهر للنفايات دون ان يحدث له تلوث. وقد يحدث نزاع ما بين النشاط الإنتاجي على طول النهر والإستخدام من اجل الترفيه والتسلية إذا فاق معدل المُخلفات إستيعاب النهر وبالتالي الكفاءة العالية للتلوث سوف تخفّض مستوى الخدمات للنهر وقد لا

تصلح الماء بعد ذلك كمُدخل للإنتاج[7]. وهذا مثال عام يوضح ظاهرة التلوث لأن هناك علاقة مباشرة مابين النشاطات الاقتصادية والبيئة واستخدام البيئة بصورة مفرطة في أحيان كثيرة حتى انه أساء إلى عوامل الإنتاج التي تقدمها ومن ثم جعلها وسيط غير قادر على العطاء كما كانت من قبل تدخله.

النمو الإقتصادى والبيئة

تستند المناقشة الأساسية في علاقة النمو الاقتصادى بالبيئة على التعرف أولاً على الأهداف الاقتصادية للنمو وهى في قالب مبسط تعنى رفع معدل النشاطات الاقتصادية التي يترتب عليها رفع معدل الاستهلاك والإنتاج بجانب توفير معدل نمو مناسب للسكان بجانب توفير قدر من الرفاهية والنظرية التي يستند عليها هذا الأمر هي المالتوسية (Malthusian) بمعنى آخر أن النشاط الاقتصادى لايمكن أن يستمر بلا نهاية بدون تصحيح ومرعاة البيئة والملاحظة التي تتبناها هذه النظرية أن الموارد الطبيعية توجد بكميات محدودة بالتالي فالنمو الاقتصادى وزيادة الإنتاج يؤثران بصورة مباشرة على الموارد الطبيعية بحيث أنها تُرهق أو تستنزف أو تنفد تمامًا. كما يحدث في بعض الأحيان للموارد غير المتجددة. وهناك وجهة نظر أخرى ترى أن المشاكل البيئة غير محتملة وقد تحدث بصورة مفاجئة إلا أنها ظهرت إلى حيز الوجود[8]. وتقوم هذه الملاحظة على أن المسؤولية لا تقع على عاتق زيادة الإنتاج ومن ثم الإستهلاك بل يرتبط الأمر بصورة مباشرة بزيادة تفريغ المخلفات مما جعل البيئة تفقد كفاءتها لإمتصاص هذه المخلفات. وهذه النظرية (عدم وجود مشاكل بيئية) دُحضت بالفعل لأن التلوث تسبب فعلاً في ظهور كوارث بيئية لا مجرد

[7] Ibid P.14.
[8] Michael Common –P.15

مشاكل والمشكلة لا تقف عند حد النمو الاقتصادى بل تتجاوزه إلى حد اكبر بكثير إذ أن التلوث واستخدام الموارد البيئة بطريقة عشوائية يتسبب في تراجع وتناقص البيئة بل وتغيير نمط ونوعية الحياة.وحتى وقت قريب كان هناك جدل غير محسوم عن علاقة النمو الاقتصادى بالمشاكل البيئة وقد تم الحسم عام (197.م) وكان إجماع معظم الاقتصاديين على انه لا نزاع بين لبيئة والنمو الاقتصادى فالنمو الاقتصادى لا يحتاج إلى إرهاق وإنهاك البيئة. وقد دافع الاقتصاديين عن مبدأهم الاقتصادى بان النمو الاقتصادى يسعى إلى توفير مستوى مرتفع من الإستهلاك والإنتاج مع التأكيد على صيانة البيئة لتلبية حاجات الدولة. ولتوضيح موقفهم يبقى السؤال عن ما هو الشرط الذي يضمن الاستمرار في إرتفاع معدلات النشاطات الاقتصادية دون استنزاف الموارد وخلق مخلفات ضارة ؟ بمعنى آخر ماهو نوع التغيير المطلوب للربط بين البيئة والنمو فى علاقة طردية ؟ وماهو المستوى التوازنى والآثار المتوقعة من البيئة الطبيعية ؟ ومن البديهى أنه بزيادة الإنتاج والاستهلاك فان نسبة النفايات ستزداد مما يظهر مشكلة التلوث وإجهاد الموارد البيئة. وهناك وجه آخر للملائمة بين النمو الاقتصادى والبيئة الطبيعية وهو إيجاد توليفة أو تكوين معادلة ما لرفع كل مستويات النشاطات الاقتصادية مع صيانة البيئة أو عدم الإضرار بها. فعلى سبيل المثال إذا قلت الإيرادات نتاج لتغيير النمط الاستهلاكى فبالتالي ستقل النشاطات الاقتصادية ومن ثم الموارد الطبيعية المستخدمة وهذا من شأنه ان يقلل من كمية المخلفات الناتج ومن الواضح أن هناك بعض السلع التي تستلزم تغيرات بيئية كبيرة الحجم مقارنة برصيفاتها من السلع اذ أنها تفرز كميات اكبر من المخلفات. وعلى كل حال فان العلاقة مابين الاقتصاد والبيئة وصيانة البيئة حاليًا لا يحدث فيها اى نوع من التصادم والتنازع وبالتأكيد فان البيئة تسهم بصورة مباشرة أو غير مباشرة في نمو الريع

أو الإيراد وهى أساسية لدعم الاقتصاد. إلا أن هذا لا ينفى الحقيقة التي يواجهها العالم وهى أن مخزون هذه الموارد في سبيله إلى النفاد بالتالي فان نموذج الإنتاج والاستهلاك سيستخدم الموارد بكثافة اقل هذا يقودنا إلى حقيقة أخرى وهى أن أسعار الموارد الطبيعية أمست باهظة الثمن مما يتطلب إعادة النظر في آلية الأسعار وهذا بدوره يقود إلى تخفيف مشاكل الاستنزاف وتناقص وحدات الطلب. هذا الأمر أمسى موضع جدل كبير وقد تم الاتفاق على أن اقتصاديات البيئة تحدد بدقة آلية تسعير الوظائف Price (Mechanism Function) وشروطها التي يجب أن تجد إجابة شافية للسؤال عن آلية الأسعار المناسبة (which price mechanism)؟ وماهو نظام السوق ؟ بمعنى آخر ماهو النظام التوازنى القادر على تحقيق التآلف والعدالة بين الاقتصاد والبيئة الطبيعية[9]. من كل هذا يتضح تماسك العلاقة مابين النمو الاقتصادى والموارد الطبيعية وتفاعلها مع بعضها البعض.

علاقة البيئة والتنمية

برزت قضايا البيئة بشكل واضح خلال ال5. وال6. من القرن الماضي وذلك من خلال مؤتمر التنمية البشرية عام 1972مأما الربط بين التنمية والبيئة فقد كان من ضمن النتائج التي توصل إليها مؤتمر (استوكهولم)عام 1972م أيضا حيث توصل إلى أن حماية البيئة ليست فقط وضع حدود للتلوث بل يشمل الاستخدام الأمثل للوصول إلى ما يسمى بالتنمية المتكاملة بالتالي فقد أصبحت المشكلة الحقيقية والتي تواجه البشرية جمعاء هي كيفية سد الحاجات الأساسية للشعوب دون تخريب القاعدة الأساسية للموارد البيئة مما يتطلب حماية وإدارة مرضية للبيئة مع إدراك كامل لصانعي القرار السياسي للإرتباط

---

[9] Michael Common P. 16-17

بين التنمية والبيئة. والعلاقة بين التنمية والبيئة علاقة متبادلة ومتكاملة فالإنسان هو الذي تسبب بفضل سوء إدارته في خلق المشكلات البيئة من تلوث مياه وتربة وهواء [10]. وهذا ما ظهر جليا أبان الثورة الخضراء قبل أكثر من مائتي عام مما تسبب في تلف خمس هكتارات من الاراضى يوميًا هذا إضافة للتدهور البيئي الذي يدفع الإنسان ضريبته من صحته ومعدل رفاهيته [11] كذلك فإن الافتقار إلى التنمية الكافية ينتج مشاكل بيئية تنشأ من الضغط المتواصل على الموارد البيئة بسبب نقص الحاجات الأساسية مما يُولد كارثة القضاء على المصدر الاساسى الذي يتحصل منه الإنسان على معيشته فنقص الإنتاجية بسبب المرض وفقدان لتربة الصالحة للزراعة وتخريب الغابات والضغط المتزايد على النظم البيئة الهشة نتاج منطقي للفقر وهى لا تقل خطورة عن التلوث الناتج عن الصناعة والتكنولجيا وإفراط الاستهلاك عند الأغنياء وهذان الجانبان يقودان بصورة مباشرة إلى الإستنزاف السريع للموارد الطبيعية الأساسية.ويمكننا القول أن ما أُطلق عليه حديثاً اسم (لتنمية السوداء) والتي لا تُراعى البُعد البيئي وتدعم الإقتصاد اكثرمن البيئة أو الإنسان هذه التنمية الاقتصادية هي التي أفرزت مشاكل كثيرة من أبرزها التلوث وتدهور الموارد وإهدارها وبالتالي إرتفاع تكاليف حماية البيئة حيث ارتفعت في البلدان المتقدمة من 3. 5% من الناتج القومي الاجمالى ويعتبر هذا الأمر بالنسبة لهذه الدول استثمار لابد منه.

---

[10] البيئية والتنمية (1986) المؤتمر العربى الوزارى الاول حول الاعتبارات البيئية فى التنمية- تونس برنامج الامم المتحدة الانمائى ص 3- 9 0
[11] احمد رشيد وهناء الحسن (1981م) علم البيئية - معهد الانماء العربى -بيروت ص15

الزراعة والبيئة

الزراعة محور أساسي في أي عملية تنموية وقد أسهمت الزراعة في الإضرار بالبيئة حيث تقلصت الاراضى الزراعية بسبب التوسع العمراني والتجريف والتبذير والتصحر بجانب مُلوحة الأرض كذلك فإنها أسهمت في قلة موارد المياه مما أدى إلى حوادث التدهور في إنتاجية الأرض وكان لزيادة عدد السكان دوره السلبي لزيادة معدل الإستهلاك وبالتالي معدلات الإهلاك والإجهاد للأراضى هذا بجانب إستخدام الأسمدة الكيميائية والمبيدات ألحقت الضرر بالخضروات والأطعمة وأدت الى اصابة الانسان بكثير من الإضطربات خاصة المعدية.

الصناعة والتقنية والبيئة

الدعامة الرئيسية لعمليات التنمية هى الصناعة وهى باختلاف أنواعها سواء ان كانت (غذائية. كميائية. هندسية... الخ) تؤثر على البيئة[12] فقديماً كان عدد السكان قليلا وكان استعمال الانهار لتصريف الفضلات عملاً لا يؤدى الى عواقب وخيمة[13]. وربما يُعزى ذلك الى قلة الفضلات أو قلة كمية السموم التى تلقى والقدرة الإستيعابية للنهر قادرة على امتصاصها (التطور الطبيعى). الا أن الصناعة قامت بإستخدام قوة الجاذبية والانحدار الطبيعى للمياه لتصريف فضلاتها فى مجارى الانهار وبالطبع فان النتيجة كانت كارثة فقد تلوثت المياه بفضل هذه المخلفات السائلة اما الأدخنة المتصاعدة فقد قامت بتلويث الهواء واصوات الالآت سببت الثلوث السمعى والمخلفات الصلبة أحدثت التلوث

---

[12] www.Google.com

[13] www.Google.com

البصرى من هنا نصل الى الى حقيقة مفادها أن التلوث الصناعى يُعتبر من أهم مصادر التلوث البيئى على الاطلاق[14].

الطاقة والبيئة

توجد الكثير من المصادر التى يمكن أن يتحصل منها الانسان على الطاقة مثل النفط والغاز الطبيعى...ولقد كثر استخدام الطاقة فى السنوات الاخيرة وذلك لمواكبة التقدم التكنولجى والعلاقة هنا طردية فبإزدياد التقدم التكنولجى والإستخدام المفرط للطاقة يزداد التلوث البيئى خاصة بالنسبة للهواء والماء. كذلك فان هناك علاقة بين النقل والبيئة وبين إحتراق النفط والبيئة وكليهما له آثاره التى تتحملها الموارد البيئة والانسان إضافة لذلك فإن للسياحة دور فى إحداث خلل بيئى بالرغم من مكانتها الاقتصادية والتنموية للدول فقد تسهم بشكل مباشر فى تلوث البحار والاضرار بالاحياء المائية وإزدياد تلوث الغلاف الجوى بجانب إنتشار القمامة والفضلات على قمم الجبال على سبيل المثال[15] وما تقدم إن دل فإنما يدل على التنازع والتنافر بين االبيئة والتنمية الا ان حقيقة الامر هى انهما عنصران متدخلان يقوم أحداهما على عاتق الآخر الا أن الفهم الخاطئ للتنمية أثّر بشكل سلبى على التعامل مع العناصر البيئة.

4.البيئة والتنمية المستدامة

التنمية المستدامة عرفتها (لجنة برونت لاند) بأنها أسلوب لتلبية حاجات ومطامح الاجيال الحاضرة والمقبلة دون المخاطرة بمقدرة اجيال المستقبل على

---

[14] www.Google.com

[15] احمد رشي هناء الحسن (م س ن) ص 15

الوفاء باحتياجاتها. وهنا تدخل ثلاث نقاط فى الاعتبار ، البعد الإقتصادى والبعد الايكولجى والبعد الإجتماعى.[16] بمعنى آخر أن التنمية المستدامة تعمل على الوفاء باحتياجات الحاضر دون إلحاق ضرر او خلل او ضعف للموارد الطبيعة الاقتصادية مما يتطلب بصورة مُلحة إدخال التغيرات الجذرية على اساليب توزيع التكاليف والمنافع (costs.benefits) وإبراز الموارد البيئة بحيث تكون فى متناول اليد لاستخدامها فى عملية التنمية الشاملة. وتتطلب التنمية المستدامة نمو إقتصادى جيد هذا بالاضافة الى زيادة الانتاجية على توفير مستوى معيشى جدير بحياة طيبة وكريمة.كل هذا يتحقق عن طريق زيادة القدرات الإنتاجية للعناصر البيئة خاصة للدول النامية والفقيرة وقد يحدث ذلك على حساب البيئة وقد يُشكل تهديداً للنظام الايكولجى. كذلك فإن الزيادة السكانية التى لاتتناسب مع معدلات استغلال عناصر البيئة فهى تخلق ضغوط أخرى على البيئة مما يؤثر كثيرا على نوعية الحياة ويضع الكثير من السكان تحت خط الفقر.لذا فمن اجل تحقيق التنمية المستدامة هناك حاجة ماسة الى إعادة التوازن بين معدلات النمو السكانى من جهة وزيادة الامكانية الانتاجية للعناصر البيئة من جهة اخرى. وهناك ثلاث جوانب تربط بين الانسان والبيئة والتنمية المستدامة تتلخص فى أن البيئة توفر للإنسان الموارد الطبيعية والإقتصادية التى لاغنى عنها فى الحياة بالتالى فإن القضية تصبح كيفية إستعمال مثل هذه السلع الطبيعيه بحيث تساهم مساهمة فاعلة فى رفاهية المجتمع. وفى حين أن الدول النامية تهتم بقضايا الأمن القومى وتحقيق التقدم من اجل رفع مستويات المعيشة الاساسية تعطى الدول المتقدمة الاولوية لامور البيئة الحساسة ويحدث ذلك نسبة لإرتباط قضايا

---

[16] ابتهاج صديق وآخريات – (2003م) سمنار التنمية المستدامة –كلية الدراسات العليا – جامعة النيلين- ص 9

البيئة بالجوانب الاقتصادية والتنموية بصورة مباشرة. من ناحية أخرى فإن العناصر البيئة مصدرمن مصادر سد المتطلبات والاحتياجات الاستهلاكية للسكان وبصورة أساسية المنتجات الزراعية والمواد التعدنية والوقود وكلما زاد النمو الاقتصادى تزايد الطلب على هذه الموارد مما يعنى إحتمال إستنزاف بعض هذه العناصر وزيادة مشاكل البيئة والمرتبطة بشكل اساسى بالتلوث ومن هنا تنبع اهمية رفع كفاءة إستغلال الموارد البيئة بشكل يحقق أعلى مردود إقتصادى دون إحداث ضرر أو خلل فى النظم البيئة العالمية. والجانب الاخير يتمثل فى جعل المحيط الحيوى والغلاف الجوى والارضى مخازن للنفايات الناتجة عن عملية الانتاج وما يُثير القلق هو إتجاه بعض الدول الى دفن النفايات وبخاصة المشعة فى قاع البحار والمحيطات أو دفنها فى أرض نامية تفتقر الى معايير بيئة صارمة وبدون رقابة دولية على عمليات الدفن. على سبيل المثال ماحدث فى السودان فى (1984م) حيث ُكانت هناك محاولة لعقد صفقة إجرامية بواسطة شركات بحيث تدفع مليون دولار مقابل دفن نفايات بمنطقة (وادى هور) بشمال دار فور.[17] من كل ذلك نستنتج انه لابد من تبنى إستراتيجية معينة للتنمية المستدامة خاصة فى الدول النامية من حيث تحديد النمو وإعادة وتوزيع الموارد وتغيير نوعية النمو وتلبية الحاجات الاساسية بجانب تأمين مستوى مناسب للسكان وحفظ قاعدة الموارد ونقل التكنولجيا وأهم بنود هذه الاستراتيجية هى دمج مسائل البيئة والاقتصاد فى صنع القرارالاهتمام بقضايا التخلف والتنمية والذى بدأ فى السبعينيات و ُدعم ُ هذا الاهتمام بانعقاد الكثير والكثير جداً من المؤتمرات نذكر منها على سبيل المثال لا الحصر مؤتمر (إستوكهلم 1972م) مؤتمر السكان العالمى (ببخارست1974م) ومؤتمر المراة العالمى (رحا 1974م) ثم قمة

[17] www. Iraqcenter.com

(جوهانسبيرج) للتنمية المستدامة والتى تعتبر من اكبر المؤتمرات. والجدير بالذكر أن من أولويات هذه القمة خفض عدد الاشخاص الذين يستخدمون مياه نظيفة الى النصف بحلول "2015 م. وقد تضمنت هذه المؤتمرات إعلان الاستراتيجة الدولية للتنمية فى العقد الثانى لبرنامج الامم المتحدة مع ضرورة خلق ظروف أفضل لحياة الانسان ونظام إقتصادى دولى جديد. وهناك إتجاهان أساسيان فى تناول قضية التنمية المستدامة فالدول الصناعية ترى ان التزايد السكانى هو العقبة الرئيسية فى طريق التنمية بينما الدول النامية ترى ان الامر يتعلق قبل كل شئ بضرورة التغيير الاجتماعى والاقتصادى مما يتطلب التركيز على التنمية الاقتصادية وتعزيزها[18] وهنا نرى أن الأمران متلازمان فقضية نمو السكان الهائل عقبة إقتصادية فى المقام الاول كذلك فإن ضرورة التغيير الاجتماعى والاقتصادى مرتبطة بالسكان مما يحتم ضرورة ايجاد توليفة تضمن التوازن بين الثلاث متغيرات. ولابد من الاستفادة من من تجارب ممن سبقوا فى هذا المضمار مثل اليابان التى وضعت خطة المائة عام وأوكلت الامر الى مؤسسة بحثية تنموية وقد وضعت بنود برنامجها متفقاً ومتسقاً مع قضايا الحماية والحفاظ على البيئة ابتداء من حماية طبقة الاوزون مروراً بغازات الصوبة والغابات الاستوائية ثم إستئصال المطر الحمضى والحيلولة دون التصحر وانتهاءاً بالحفاظ على البيئة من خلال التعاون الدولى[19].

الماء والبيئة

زيادة عدد السكان والنمو الاقتصادى لايؤثران فقط على طلب المياه بل

---

[18] عيسى محمد عبد الطيف (1993م) المنظور البيئى للتنمية فى السودان- الجمعية السودانية لحماية البيئية الخرطوم ص 25

[19] مجلة العربى (فبراير 2003م) العرب واكبر مؤتمر فى التاريخ -العدد 531- ص141

يتعدى ذلك ليؤثر على الموارد المائية حيث التأثير على جودة المياه وإستخراجها ويعنى ذلك على التلوث ونقص فى المياه عالية الجودة والصحة والتاثير يمتد الى الغطاء النباتى وإستعمالات الارض الذى يؤثر بدوره على الموارد المائية إضافة الى التاثيرات البيئة المتعددة[20] . ويرتبط الحديث عن قضايا البيئة فى السودان بما يعنيه العالم من مشاكل بيئية تهدده وتأتى فى المقدمة قضايا التلوث خاصة وانها لاتعترف بالحدود الجغرافية. كذلك فإن نمط إستغلال الموارد الطبيعية يرتبط إرتباط وثيق بالنظام الاقتصادى العالمى والعلاقات الدولية والنزاعات المسلحة. والنظام العالمى الذى يعمل على زيادة الاغنياء غناً والفقراء تراجعاً وفقراً هو بذاته الذى يشجع على سوء إستغلال وإدارة الموارد الطبيعية ويدعم الحروب والتوترات الدولية مما يؤثر على الارض وبيئتها ومدى صلاحيتها للحياة وقد جاء فى كتاب (مستقبلنا المشترك) تلخيص مختصر لقضايا البيئة العالمية وهى (الإنفجار السكانىالتصحر. ديون العالم الثالث. إتساع الشقة بين الاغنياء والفقراء. الحروب. سباق التسلح. ثلوث البحار والمحيطات. إنحسار الغابات. تآكل طبقة الاوزون. الإحتباس الحراري) هذا إضافة الى 8.. مليون فقير فى العالم وقد كان هذا فى العام 1991م و3.3مليار من البشر فى العالم لايجدون مياه الشرب النقية والصحية.[21] وتستمر الحلقة فى الاتساع بذوبان جليد القطب الشمالى وتوقعات بإختفاء صفائح جليدية بعد 7...عام وقد بدأت فعلا عملية الذوبان منذ عشرة آلاف سنة وتكمن خطورة هذه الظاهرة بالرغم من بطئها فى أنها تؤدى الى غرق الكثير من الشواطئ والمدن الساحلية وقد أكد العالم (ستون 2..3م) أن

---

[20] سامية بابكر محمد – (1998م) – قضايا الوعى البئيى والتنمية المستدامة فى السودان – الخرطوم – ص 38-39

[21] عثمان التوم حمد وآخرون – (2002م) تطوير بحوث الموارد المائية – ورشة عمل مستقبل البحث العلمى – الخرطوم ص 27

الظاهرة يمكنها ان تحدث بشكل سريع وعلى مدى قصير. هذا بجانب إنحسار تفاؤل العلماء بتراجع ثقب الأوزون حيث أنه عاود الاتساع فى القطب الجنوبى وتراجعت سماكة طبقته بوتيرة أسرع من السنوات الماضية والتحذيرات الاكثر خطراً جاءت من وكالة (ناسا) الأمريكية والإدارة الوطنية لشئون المحيطات والبحار ومختبر بحوث الاسطول وقد اكد علماء هذه الهيئات ان ثقب الاوزون قد إتسع فى عام (2..3م) الى حجم خطير يقل قليلا عن حجمه القياسى الذى سجل عام (1979م) [22]. هذا بجانب ماذكره " ميكائيل ميتشر" وزير البيئة الاسبق فى بريطانيا فى "بريستول " بتاريخ 25 اكتوبر 2..3م من أن ما تحركه الانشاءات الهندسية كل عام من التربة يفوق كل ما تنقله أنهار العالم الى البحار وأن إنبعاثات الصناعة تفوق كل الإنبعاثات المتصاعده من كل براكين العالم وأن التلوث الغذائى قد وصل الى أقصى بقاع الارض حيث تحتوى كثير من أنواع الاطعمة على كميات كبيرة من اﻻلرصاص والد.د.ت.

برغم كل ذلك فالعالم يفتقر الى نظام عالمى لادارة البئية. هذا بجانب فشل الأمم المتحدة فى تنفيذ معظم قراراتها بشأن الاتفاقيات التى أُبرمت خلال الثلاثين عام الماضي حول الاخطار التى تهدد البيئة وضرورة إتخاذ الاجراءت العاجلة لدرء هذه المهددات او على الاقل التخفيف من حدة خطرهاوقد عُقدت الكثير من المؤتمرات كما أُسلف وأهمها (قمة جوهانسبيرج) وتتفق هذه المؤتمرات وإن إختلفت مواضيعها فى الأهداف النهائية وهى الحفاظ على البيئة وحمايتها من أيدى المتغولين عليها [23] ويبقى السؤال مُعلقاً لماذا الفشل رغم إحتشاد الجهود واحتداد المناقشات وتوقيع المواثيق والمعاهدات ورغم هذا

---

[22] مجلة العربى (اغسطس 2003م) الانسان والبيئة – بيروت تحتضن إحتفالية يوم البيئة العالمى. العدد (537) ص156-157

[23] مجلة العربى (ابريل 2004) فن التعامل مع البيئة- العدد - 545 ص 26-28

الركام الذى يحيط بجميع البشر ؟ الاجابة على هذا السؤال قد تكون واضحة تماما خاصة بعد ما حدث فى إتفاقية (كيوتو) وما يحدث من تهرب ومحاربة لضريبة الكربون وغيرها وغيرها. انها لغة البقاء للاقوى والتى لايفهمها إلا العالم النامى لانه يجيد لغة الانصياع. وفى السودان ايضا انعقدت الكثير من المؤتمرات وأجريت دراسات مستفيضة حول مشاكل السودان البيئة.وقد إرتفعت نسبة هذه المشاكل من إستخدام الموارد مثل الغابات والحياة البرية (wildlife) والمياه والطاقة وقد ظهرت بصورة أو بأخرى فى النظام الايكولجى[24].وقد بدأت المشاكل البيئة تزداد فى الارياف فالمزارع والمواشى ساهمتا فى زيادة التصحر (desertification) اما بالنسبة للزراعة الحدبثة فتستخدم انواع متعددة من المخصبات والمبيدات ووسائل الرى والآلات. أما مشاكل المدن البيئة فعلى سبيل المثال عدم كفاءة خدمات المياه وعدم توفر المياه الصالحة للشرب 'لمياه بجانب التلوث الصناعى والتلوث بواسطة دخان السيارات مما يؤثر سلبا على صحة الانسان.وفى اغلب البلدان النامية فإن المشكلة الاساسية هى سوء إستخدام الموارد (misuse of recourse)[25]. هذا بالطبع يقود الى إجهاد البيئة وإستنزاف مواردها وهذا بالضبط ما يحدث فى السودان والمشكلة التى تتفاقم الان هى مشكلة التصحر فى الارياف وهى تساهم الى حد بعيد فى خلق مشاكل المدن البيئة حيث لاتستطيع المدن كبح جماح التدفق البشرى الهائل من الريف الى المدن وهذه مشكلة إقتصادية كبيرة ترمى بظلالها على على جميع النظم الحياتية الاخرى سياسية. إجتماعية أو بيئية...الخ. ويتم تعريف التصحر بأنه " تدهور فى انتاج الموارد المتجددة

[24] سامية بابكر محمد (1998م) قضايا الوعى البيئى والتنمية امستدامة فى السودان مركز محمد بشير للدراسات السودانية.

[25] P. Caroline Dejng Boon (1990) Environmental In Sudan– Khartoum University` - Part 1-2

للارض والماء يؤدى الى نقصان طويل المدى أو مستديم فى حمولة النظام البيئى" ويعتبر الزحف الصحراوى مرحلة متأخرة من التصحر إذ تتحول بيئية متاخمة للصحراء الى بيئة صحراوية. وأساس المشكلة ينبع من تفكك اسلوب الانتاج التقليدى نتيجة عوامل خارجة وداخلية مما تؤدى الى تغيرات بيئية وتغيرات فى النظم الاجتماعية وتعتبرمشكلة التصحر هى المشكلة البيئية الأولى فى السودان والانسان هو المسبب الاساسى لها وذلك بإجماع العديد من المصادر ويقوم التصحر بتحويل حوالى 23 الف كلم2 من الارض المنتجة كل عام الى صحراء وهذا على نطاق العالم ومن هنا يصبح التصحر فى مقدمة قضايا اليابسة البيئية بالنسبة للعالم أيضا. فى السودان تناقص إنتاج المحاصيل الغذائية للميل المربع من 285 طن فى أواخر الخمسينات الى تسعين طن فقط فى منتصف الثمانينات هذا واكثر مناطق العالم تضرراً تقع فى افريقيا وعلى رأسها السودان فالزحف الرملى يهُدد الزراعة والنيل الابيض بجانب تناقص الغذاء فى منطقة البطانة فى شرق السودان حيث إختفى نبات (السيما)وحلَت محله أنواع أقل قيمة غذائية وغير مستساغة مثل العدار كذلك إختفت بعض النباتات بغرب السودان وهذا على سبيل المثال وليس الحصر. وهناك ايضا قضايا المياه ومشاكل الحصول على مياه شرب نقية وقضايا الصرف الصحى وإهتراء شبكاته. وتتسبب الآفات الزراعية فى خسائر فادحة للمحاصيل فمثلا (دودة اللوز الامريكية) فى خسارة المزارعين فى خسارة للمزراعين بنسبة 1..% لمحصول الذرة. ويقوم الفأر بافقاد العالم 53 طن من الحبوب سنويا هذا أضافة لما تحدثه المبيدات من تلوث بيئى خطير[26].كذلك فهناك مشاكل الصناعات والتى تساهم بصورة مباشرة فى مشاكل الثلوث سواء أن كان هوائى ، مائى أو ضوضائى. وقضايا التلوث البيئى باختلاف أشكالها ومسبباتها

[26] عيسى عبد اللطيف (م س ذ) ص 155-156

وآثارها تُسهم فى خلق امراض خطيرة تؤثر على صحة الانسان وعلى معدل إنتاجيته ومن ثمّ تظهر آثر الاعتلال على جسد الاقتصاد الوطنى ككل.

تلوث المياه

يمكننا القول أن هذه اقضية أمست كخنجر مسموم يطعن فى النواحى الحياتية المختلفة أن مشكلة تلوث المياه مأساة عالمية تهدد وتُنذر بكوارث لم تخطر على بال البشر وهم غارفون فى غيهم وإنتشاءتهم بتقدمهم الصناعى والتكنولجى الذى كان وباله عليهم أولا واخيراً. الماء الملوث هو (الماء الذى تنخفض درجة جودته نتيجةلإختلاطه بمخلفات الصرف الصحى أو غيرها من المخلفات التى تجعله غير صالح للشرب أو للاغراض الصناعية)[27]. ومصادر تلوث المياه تنقسم الى ملوثات طبيعية تنتج من البيئة نفسها وكيمائية تنتج من النشاطات الصناعية وغيرها. ويمكن تناولها باختصار فى إستخدام المنظفات الصناعية غير القابلة للتفكك والتلوث بالمواد الصلبة (النايلون.البلاستيك. البترو كيميائيات....الخ) والمواد المشعة والمخلفات البترولية والمخلفات الصناعية كالزئبق والرصاص والكادميوم والتلوث بمبيدات الآفات[28]. هذا يعنى أن ملوثات المياه قد تكون (غازية. صلبة. كائنات حية أو أجسام عضوية أو غير عضوية).ونجد أن مياه الصرف الصحى لها دورها فى زيادة التلوث بالمواد الضارة كالنترات والفوسفات. والآثار الأساسية لتلوث المياه يمكن تلخيصها فى ، تلوث المياه يتسبب فى خلق الكثير من الامراض الخطيرة وتلوث مياه الرى يتسبب فى أخطار صحية بجانب تأثيره على نمو المحاصيل والتأثير على الأسماك

---

[27] عبد المنعم بليغ (987م) الماء ودوره فى التنمية-دار المطبوعات الجديدة ـالاسكندرية ـ ص 76
[28] محمد على سيد(1998مٌ الاقتصاد والبيئية المكتبة الاكاديمية- القاهرة ـ ص 86-

والأحياء المائية وبالتالي القضاء على التنوع الحيوى [29] . وأكبر دليل على ذلك ما ذكره العلماء البريطانيون من أن تلوث الانهار هو المسئول عن تغير جنس الاسماك من ذكور الى إناث وذلك مما يؤثر على الانسان مستقبلا. [30] . ويقوم التلوث المائى برفع التكلفة لمعالجة المياه والمواد المعالجة ايضا لها اثرها السلبى خصوصا الكلور والذى له تأثير سام مما جعل بعض الدول تستبدله بالاوزن [31] . هـذا بجانب التلوث المفرط للمياه يخلق روائح كريهة وذلك كما حـدث فى المناطق الطرفية.كذلك فإن المنتجعات المائية تصبح غير ملائمة مما يؤثر سـلباً على السياحة.

الاقتصاد وتلوث المياه

القضية التى تطرح للنقاش فى هـذا العمل هى قضية بيئية فى المقام الاول وإقتصادية بصورة تحتمها دراستى الاكاديمية وقد تم ربط الاقتصاد وقضايا تلوث المياه بصورة مباشرة بما يسمى بإقتصاديات التلوث (The Economics Of Pollution)ويُعرف التلوث فى الاقتصاد بأنه مشكلة فشل السوق (Pollution Is a Problem Of Market Failure).وذلك بسبب الإستخدام المفرط للموارد بشكل الملكية الجماعية أو عـدم وجـود الملكيـة وتـسمى كل أنـواع التلـوث فى الاقتـصاد بالآثار الخارجية(Externalities). هذه الآثار قد تكون إيجابية أو سلبية لأنشطة وحدة أو وحدات إقتصادية معينة على رفاهية وحدات إقتصادية أو إجتماعية

[29] اميمـة عطيـة حـسن (2003) تقيـيم لمعالجـة المخلفـات السـائلة بـالكروم- ماجستير فى علوم الارض-جامعة امدرمان الاسلامية ص 7
[30] مجلة سد مروى (يونيو 2003) ظاهرة تلوث المياه –شئون بيئة –العدد الثانى ص 23
[31] احمد عبد الوهاب (1991م) كيف تحمى اسرتك مـن الاصـابة بالفشل الكلوى والكبدى والسرطان – الدار العربية للنشر ، القاهرة.

أخرى[32]. ويجدر بالذكر أن نُثبت حقيقة أن الانتباه الى قضايا التلوث من قبل الاقتصاديين كان منذ (1932م) بواسطة إقتصادى اكاديمى يدعَى " بيجو" ألا ان ما سجِّل عن القلق الذى يحدث بواسطة التلوث يعود الى ماضى بعيد. وبرغم تطور عناصر نظرية الآثار الخارجية والسلع العامة إلا ان فائدتها ظهرت بصورة جلية فى الخمسينت من القرن الماضى.وقد اجتهد الاقتصاديون فى بناء نموذج نظرى لمحاولة قياس وتقييم والحد من التلوث الذى تحدثه عملية النمو الاقتصادى خاصة وأن هناك إفتراض لا مجال للجدل فيه وهو أنه ما دام أن الاقتصاد ينمو فلا بد من حدوث التلوث بمعنى آخر فالتلوث أيضا ينمو[33]. وهنا واجهت الاقتصاديين مشكلة فى إيجاد اجابات لأسئلة قد تكون معقدة خاصة واننا نخُضع معايير بيئة ذات ملكية عامة وآثار خارجية يصعب التحكم فيها مما حتمَ الاجابة على سؤالين : ما هو المقدار الامثل للتلوث أو بالاحرى كيف نسيطر على التلوث ؟ فقد اثبت العلماء أنه لاتوجد بيئة تخلو من التلوث وما هى أدوات السياسة التى تكون مساعدة لذلك ؟ والمقصود هنا خلق أداة شبيه بادوات السوق كفرض ضريبة على التلوث مثلا. وقد طبق هذا الامر فى بعض الدول الصناعية ففى مقال بعنوان "أروبا تلزم شركاتها بدفع تعويضات عن الاضرار البئية" يتضح أن الشركات الاوربية تواجه لوائح جديدة أصدرها الاتحاد الاوربى تقضى بإلزام تلك الشركات دفع تعويضات عما تسببه من أضرار للبيئة وفقاً لمشروع قانون جديد يسعى الى حماية البيئة مما تلحقه هذه الشركات من تلوث مياه وهواء وتربة وكائنات حية وبالطبع فانه ليس هناك سعر محدد للكائنات او المناطق المعرضة للخطر[34].كذلك فقد قامت الجماعة

---

[32] اميمة عطية حسن (2003) تقييم لمعالجة المخلفات السائلة بالكروم. رسالة ماجستير غير منشورة. جامعة امدرمان الاسلامية.

[33] حسن بشير (2003م) الاساليب الاقتصادية لتقييم وتسعير الاصول البيئية – دار الظلال للنشر – ص 13

[34] مجلة العربى(اغسطس 2003م) اروبا تلزم شركاتها بدفع تعويضات عن الاضرار البيئية –

الاوربية باقتراح فرض ضريبة على مصادر الطاقة بنسبة 5.%للطاقة تبعًا لمحتوى الكربون لكل مصدر وذلك لتثبيت انبعاث ثانى أ ُكسيد الكربون فى عام (5..2م) عند مستواه فى عام (199.م) وتبدأ الضريبة بمعدل يصل الى ما يعادل طرديا ً برميلا من النفط و3 دولارات للزيت و63.2 للغاز و3..4 للفحم ثم يزداد سنويا بما يعادل ثلث الرقم الإبتدأئى هذا فيما يتعلق بضرائب الكربون. أما فى اليابان فقد أ ُتخذ مبدأ العقاب والمكآفأة حيثيعاقب المُلوث بالغرامة وتكآفأ الشركات التى تبذل جهداً للحد من التلوث بالدعم المالى إستناداً على مبدأ (المُلوث يتحمل التكلفة). وقد هوجمت ضريبة الكربون من قبل معارضى ضريبة الكربون بحجة أن أضرارإرتفاع حرارة الارض بسبب الكربون ان تتجاوز 2.% من الناتج الاجمالى القومى للعالم وتلك هى الخسارة لمدة مائة عام كذلك فإن تحجيم الطاقة عن النمو الذى يدعو اليه انصار ضريبة الكربون سيلحق خسائر جسيمة بالاقتصاد العالمى وبصفة خاصة إقتصاديات الدول النامية. وقد بنى معارضو ضريبة الكربون نموذجهم المناوئ على اساس أن العالم يحتاج الىدراسات أوفى وابحاث اكثر دقة للتوصل الى حقيقة المشكلة بدلاً من فرض هذه الضريبة.[35] وهكذا نرى أن هذه إحدى العقبات التى تقف امام ضرائب التلوث. ويأتي التساؤل ما إذا كانت الضريبة الحل الامثل ام هى طريق يفتح ابواب أخرى للنزاع والجدل الذى سيشعلها حروباً . ولكن ما يهم هو ما إذا الاقتصاد قد وضع حداً أمثل للتلوث وهذا بقياس التلوث أو الضرر البيئى أولا ثم معرفة معادلة الربح الخاص للوحدة الاقتصادية والمقصود هنا مصدر التلوث ثم معرفة معادلة حساب التكاليف الخارجية والمراد بالحساب هو القيمة النقدية المالية لانها الآلية المستخدمة لقياس لارباح

العدد537 ص158

[35] حسين عبد الله (2003) الحوار بين منتجى النفط ومستهلكيه www.acb.org\

والخسائر فى الرفاه والمنفعة.اما كيفية الحصول على الآثار الخارجية والتى قد تكون إيجابية أو سلبية فهو الفارق بين التكلفة الخاصة والتكلفة الاجتماعية لنشاط الوحدة الاقتصادية فإذا كان الامر سلبيا بمعنى ان هناك تلوث فيعنى ذلك ضرورة التدخل عن طريق سن القوانين ووضع المعايير وفرض الضرائب على التلوث وإذا لم يحدث هذا فإن الوحدة الاقتصادية تستمر فى الانتاج حتى تبلغ أقصى مدى فى للارباح الخاصة مما يجعل التلوث يتجاوز الحد الامثل ويفوق الطاقة الإستيعابية للبيئةكما أُستخدم ايضاً فى تقييم تكاليف التلوث مايسمى بالقيم الاقتصادية ويُعرفها الإقتصاديون على انها القيمة المنعكسة على تفضيلات المستهلكين وحق إختيار السلع(قيمة الخيار)وتُحدد هذه القيمة عن طريق الاستعداد للدفع (willing to pay) أو الإستعداد لقبول التعويض عن الخسائر (willing to accept)وقد حُددت ثلاث اسس لعلاقات القيم الاقتصادية البيئية وهى القيم الاقتصادية. قيم الخيار وقيم تفضيل الرأى العام الموجودة فى المعايير الاجتماعية والقيم الوظيفية للأنظمة الأيكولجية الطبيعية.

من أهم أهداف استخدام القيم الاقتصادية لتحديد تكاليف التدهور البيئى او الضرر البيئى االوصلى للمستويات المُثلى من التلوث اضافة الى الكفاءة فى استغلال الموارد الطبيعية فمن الممكن تقييم الاضرار البيئية فى حالات ما قبل بدء النشاط الاقتصادى او بعد وجود نشاط معين بعد فرض القوانين الرادعة واللوائح التى من شأنها التخفيف من الضرر البيئى هذا يعنى ان هنالك الكثير من الارباح البيئية لاتظهر فى شكل ارباح نقدية وإنما تظهر من خلال التحسن البيئى و نوعية الحياة. وبالنسبة لتقدير الضرر البيئى يواجه الاقتصاديون تعقيدات كثيرة وذلك لعدم خضوع المعالم البيئية لاسعار السوق

وتخضع للتقييم عن طريق التقديرفى هذه الحالة يُسأل المتضررون من التلوث البيئى عن مدى رغبتهم فى الدفع لقاء منع حدوث الضرر البيئى وذلك يكون فى المدى الذى يقبلون به كتعويض عن الخسائر فى التدهور البيئى. وبالطبع فإن نظرة الاشخاص للخسائر تختلف عن الارباح لذا فلكلٍ قياسان مختلفان تحددهما ظاهرة " اللاتماثل " فى التقييم النقدى للأرباح والاضراروهى كالآتى:

الرغبة فى الدفع لقاء تأمين الربح من التحسن البيئى (WTP to secure benefit).

1. الرغبة فى قبول التعويض مقابل الاستغناء عن الربح (WTA forgo benefit).
2. الرغبة فى الدفع لقاء منع الخسارة من التلوث(WTP to prevent a loss).
3. الرغبة فى قبول التعويض مقابل إحتمال الخسارة (WTA to tolerate a loss).

والجدل الذى يدور الآن فى الاوساط الاقتصادية عن مدى جدوى فرض الضرائب على التلوث وعن مدى قابلية المنتجين للدفع ومدى قبول المتضررين للتعويض وعن أكثر النظريات ملائمة للتطبيق فقد أُستحدثت نظريات عدة منها على سبيل المثال نظرية (الاستدخال لارنور بيجو) وهى تدعم نظرية الدفع من أجل التعويض وتقوم على الرسوم والمساعدات التى يدفعها المسؤلون عن النفايات الملّوثة التى يقذفون بها فى مجارى الانهار مثلاً .

اما نظرية (حقوق الملكية لرونالد كواز) وهى تقوم على عكس النظرية السابقة أى عدم ملكية احد للموارد البيئية بالتالى يجب إرغام الملوث وضحاياه على

التفاوض المتواصل حتى يصلوا الى إتفاق تلقائى حول الحد الاقصى لمستوى التلوث المقبول من الطرفين[36]. وهكذا تتعدد النظريات وتختلف الرؤى والحقيقة التى يجب ان يتعامل معها الجميع خصوصاً العالم العربى والنامى أن لرقم البيئى اصبح ضرورة مُلحّة يجب إقحامه فى المعادلة الاقتصادية فقد أكدت دراسة حديثة أن العالم العربى يخسر عشرة آلاف مليون دولار سنوياً (37%) من الناتج القومى بسبب تدهور نوعية الارض الصالحة للزراعة والامراض الناتجة من تلوث المياه هذا جزء صغير من الخسارة البيئة الناتجة عن أسباب بيئة ناهيك عن الخسارة الاجتماعية والثقافية والتى يصعب تقديرها بارقام[37] ويتطلب هذا الوضع سياسات إنمائية تقوم على دفع الثمن الفردى لقاء الربح الاجتماعى[38]. ومن أساليب تطبيق النماذج القياسية إستخدام القيم الاقتصادية الاجمالية (TEV) وتعتبرهذه الطريقة هى الافضل لقياس التحسن البيئى أو لقياس تكاليف التدهور الناتج عن التلوث او التصحر وبذا يُعطى هذا الاسلوب إمكانية قياس الضرر البيئى الناتج عن الانشطة التنموية.ويُستخدم هذا النموذج على نطاق واسع فى دراسة الجدوى البيئية للمشروعات وذلك باتخاذ قرار مناسب لاتخاذ القرار حول قبول المشروع أو رفضه يرتكز ذلك المؤشر على المقارنة بين تكلفة المشروع وأرباحه من جهة والقيمة الاجمالية البيئة المفقودة عن طريق نشاط ذلك المشروع ويمكن إتباع القواعد الآتية فى التقييم مثل اعتماد المشروع عند BD. CD. (BP) اكبر من الصفر حيث تكون المنافع الكلية للمشروع موجبة بعد خصم التكاليف التنموية (CD)والمنافع المستمدة من الحفاظ على البيئية فى حالة عدم

[36] www. Bent jbeil.com

[37] مجلة سد مروى – (يونيو 2003م) ظاهرة تلوث المياه – العدد الثانى-ص 12

[38] أنطوى فيشر (2002) إقتصاديات الموارد والبيئة دار المريخ للنشر – الرياض- ص 55-56

تنفيذ المشروع (BP) ، إلغاء المشروع أو اعادة هيكلته أو تغيير كيفية تنفيذ المشروع عندما تكون القيم المقاسة (BD. CD. BP) أصغر من الصفر أى أن قيمة المنافع الكلية سالبة. ويتم الحصول على المنافع البيئة الناتجة عن إستخدام المشروع (BP) عبر إستخدام القيم الاقتصادية الاجمالية لتحديد قيمة الرصيد البيئى بتركه على طبيعته. أما التكاليف الناتجة عن تنفيذ المشروع (CD) فهى التكاليف الملموسة فى شكل مدخلات ومخرجات قابلة للتقييم النقدى فى السوق. وبالرغم من أن إستخدام القيم الاقتصادية الاجمالية يعتبر الابسط فى التطبيق وذلك لعدم الحاجة لاستخدام أساليب معقدة فى جمع البيانات الا أن اخذ العينات المناسبة للدراسة وتحديد النتائج الفعلية الدقيقة للاستخدام حسب مدخلات ومخرجات المشروع يعتبر امر بالغ الصعوبة فى الدول النامية لذلك يمكن استخدام أساليب التقدير الايجازى للقيم البديلة لتحديد النماذج الاقتصادية لدراسات الجدوى البيئية. كما أن هناك اسلوبى استخدام اسعار التمتع و التقييم الافتراضى.

أثر تلوث المياه

قضية التلوث كما ذكر سابقا ليست وليدة اليوم أو السنوات الاخيرة فقد بدأ الانسان بتلويث الارض منذ القرن الثامن عشر ألا ان القضايا البيئية أصبحت مُلحة نسبة لما افرزته من عواقب وخيمة ما زالت فواتيرها لم تدفع كاملة حتى الآن. وقضية المياه أمست قضية عالمية والتبوّءات بحرب المياه امست الشغل الشاغل للعلماء والنزاعات من أجل المياه طفّت الى السطح ما بين الكثير من الدول نسبة للإشتراك فى الانهار او لعبورها الحدود وأحدثها الصراع الاسرائيلى اللبنانى على نهر (الحصبانى) هذا بجانب توقعات مؤسسة الاستشارات الدولية(Price Water House) أن النزعات ستزداد ضراوة

بسبب حدة نقص المياه الذى يتوقع أن يطال قُرابة الثلثين من سكان العالم فى عام (2.5.م) والمناطق الاكثر تهديدا هى الشرق الاوسط[39].كما أن زيادة السكان و النمو الاقتصادى لا يؤثران على طلب المياه فقط بل يصل الامر الى التأثير على الموارد المائية وجودة المياه ويعنى ذلك زيادة التلوث ونقص المياه الصالحة للشرب والاغراض التنموية [40]. المياه مورد متجدد ولكنه الآن مهدد فصحيح ان 7.% من الكرة الارضية عبارة عن ماء ألا ان 97% من هذا الماء عبارة عن ماء بحار و2% حبيس الانهار والجبال الثلجية وجزء كبير من ال 1%الباقية تتواجد فى احواض جوفية عميقة جداً لايتسنى لنا استخدامها لجزء صغير جداً من مياه هذا االكوكب متجدد ويصبح عذباً بفعل دورة المياه التى تسيّرها الطاقة الشمسية[41].وقد اُصدر احدث وأشمل تقرير حول موارد المياه العذبة فى العالم بعنوان (التنمية المائية العالمية) فى طوكيو "2 مارس 2..3م" وذكر ان أزمة المياه الكونية ستصل الى مستويات غير مسبوقة فى السنوات القليلة القادمة مع إزدياد إنخفاض متوسط نصيب الفرد من المياه فى انحاء عديدة من العالم النامى وستواصل موارد المياه إنكماشها المنتظم بسبب الزيادة السكانية والتلوث والتغيير المناخى المتوقع. ولحديث مدير منظمة اليونسكو "كويشيرو ماتسورا 2..3م" عن أنه لن تنجو منطقة من تأثير هذه الازمة التى تمس كل أوجه الحياة بدءاً من صحة الاطفال وحتى قدرة الامم على تأمين الغذاء لمواطنيها فإمدادات المياه تتناقص بينما الطلب يتزايد دراماتيكياً بمعدلات لايمكن تحملها وخلال العشرين عاما المقبلة

---

[39] www. Bent jbeil.com

[40] عثمان التوم حمد وآخرون (2002م) مستقبل البحث العلمى فى مجال المياه – ورشة عمل – الخرطوم – ص 27

[41] ساندرا بوستيل – ترجمة على حسين (1994م) الواحة الاخيرة – مواجهة ندره المياه – دار البشير للنشر والتوزيع ص47

سينخفض متوسط نصيب الفرد من المياه بمقدار الثلث[42]. ويتضح بجلاء خطورة الموقف ودقته ونجد أن مشكلة المياه مشكلة عامة وفقاً لاربع نقاط محورية :

النمو السكانى وزيادة النشاط الاقتصادى يُعتبران من أقوى العوامل التى ادت الى ان تكون المياه العذبة تحت الضغط هذا بجانب تحسُن مستوى المعيشة كل ذلك أدى الى المنافسة والصراع حول الموارد المائية العذبة إضافة الى عدم المساواة الاجتماعية والهامشية الاقتصادية وغياب برامج رفع الفقر ضغطت السكان الذين يعيشون فى فقر مدقع لسوء استغلال التربة وموارد الغابات وإستخدامها السيئ الذى ينتج عنه غالباً أثر سالب على الموارد المائية اما غياب مقياس التحكم فى التلوث ساعد على تدهور إضافى فى الموارد المائية.

السكان والضغط المائى

ازداد عدد السكان فى العالم بمقدار ثلاث اضعاف عددهم خلال القرن العشرين فيما زاد استهلاك الماء بحوالى سبعة اضعاف بما يعنى ثلث سكان العالم يعيشون فى دول تعانى من ضغط مائى متوسط او عالى ومن المتوقع أن تزيد هذه النسبة الى الثلثين كما ذكر التقرير. ويؤثر التدهور فى نوعية الماء بسبب التلوث على إستخدام الماء وصحة الانسان وعمل النظم البيئية المائية مما يُقلل من كفاءته وميزاته ويزيد المنافسة على المياه ذات النوعية المناسبة. وتتضخم المشاكل أعلاه بقصور الإدارات المائية فالإدارات القطاعية وتحكُمها

---

[42] مجلة العربى (اغسطس 2003م) تقرير دولى يسلط الضوء على مشكلة العالم المنسية (عالم عطش) العدد 537 ص - 184

أدى الى التجزئة وعدم التنسيق لادارة وتنمية هذه الموارد ويترك الامر غالبا للمؤسسات الفوق تحتية والتى تكون شرعيتها وكفاءتها محّط تساؤل متزايد فالمشكلة إذن تنبع من الادارة غير الكفوؤة والمنافسة على الموارد المحدودة [43].

وحد الامان المائى [44] آخذ فى التدهور والإنكماش نسبة لزيادة عدد السكان وقد اصبح نصيب الفرد فى العالم أقل مما كان عليه عام (1970) بمقدار الثلث بسبب زيادة اعداد البشر فقد بلغت الزيادة 1.8 بليون من السكان [45].أما فى العالم العربى فقد ارتفع عدد السكان من 78 مليون نسمة الى 292 مليون نسمة ومن المتوقع أن يصل الى500 مليون نسمة بحلول (2025)[46]. وتعتبر الزيادة السكانية غير المتناسبة مع كمية المياه سبب رئيسى فى ندرة المياه ومؤشر خطير على إمكانية تفاقم المشكلة والاقطار التى تُعانى من فقر المياه هى التى يترواح نصيب الفرد فيها ما بين الف الى الفى متر مكعب فى العام هذا الفقر يؤدى الى ضغط شديد على إنتاج الطعام والتنمية الاقتصادية وحماية الانظمة البيئية[47].وهناك أكثر من 8.%من الدول العربية تقع تحَت مستوى الفقر المائى[48]. وهناك 26 قطريشكل عدد سكانها مجتمعة232 مليون نسمة يُطلق عليها فئة الاقطار الفقيرة بالمياه وبالطبع فإن الزيادة السكانية تعتبر على قمة هرم هذه المشكلة ولكن ما يزال السؤال قائماً ماهى علاقة التلوث بالندرة ؟

---

[43] أنيل اجاروال (2000م) الادارة المتكاملة لموارد الماء – الدنمارك – ص 10

[44] حد الامان المائى * wsi) هو متوسط نصيب الفرد فى بلد ما سنويا فى الموارد المائية المتجددة والعذبة المتاحة لمواجهة الحاجة الى الزراعة والصناعة والاستهلاك المنزلىمن منظور عالمى اعتبر 1000م3 من المياه المتجددة هو الذى يولد مشكلة الندرة 0

[45] ساندرا بوستيل ترجمة على حسين (م س ذ) ص- 27

[46] www.islam.online.net

[47] ساندرا بوستيل ترجمة على حسين (م س ذ) ص- 27

[48] www.islam.online.net

ولعل ما سبق من حديث يُظهر فى وضوح أن هناك مشكلة ندرة بجانب ان التلوث سبب رئيس فى الندرة و هو أحد فروض هذا البحث.توقع العلماء انه بإنتصاف هذا القرن سيعانى سبعة بلايين إنسان يعيشون فى61بلداً من شُح المياه وذلك وفقاً لاسوأ التقديرات اما وفقاً لافضلها سينخفض الرقم الى بليونى إنسان فى 48بلداً وهذا الامر سيتوقف على النمو السكانى وصناعة القرار السياسى وسيسهم تغير المناخ وفقاً للتقرير بنحو 2% من المسئولية عن شُح المياه على االمستوى العالمى وأن نوعية المياه ستتدهور مع ارتفاع مستويات التلوث ودرجة حرارة المياه ويستطرد الكاتب بقوله إن أزمة المياه آخذة فى التدهور بسبب القاء مليونى طن يوميا من المخلفات الى الانهار والبحيرات والمجارى المائية وكل لتر من المياه الملوثة بالمخلفات يلوث نحو 8 لترات من المياه النقية ويذكر التقرير ان هذا العالم يحتوى على نحو 12 الف كيلو متر مكعب من المياه الملوثة وهى كمية أكبر من الكمية الاجمالية للمياه التى وجدت فى أى لحظة تاريخية فى اكبر عشرة أودية انهار فى العالم. ومن هذه الارقام نجد أن هناك عاملان يؤثران بشدة على ندرة المياه هى الزيادة االسكانية والتلوث.

ومع زيادة كل من هذين العاملين يتوقع أن العالم سيفقد 18 الف كلم3 من المياه النقية بحلول (2.5.م) أى مايقارب تسعة اضعاف إجمالى ما تستخدمه بلدان العالم الآن فى الرى وهو المستهلك الاكبر للموارد المائية فالرى مسئول عن 7.% من الاستهلاك العالمى للمياه العذبة وقد صنّف التقرير 122 دولة حسب نوعية المياه وكذلك قدرتها على تحسين الوضع وإلتزامها به وإعتبرت بلجيكا هى الاسوأ بسبب تدنى نوعية المياه وكميتها الجوفية هذا بالمقارنة بثقل التلوث الصناعى وسوء معالجة مياه المخلفات ويقع السودان فى المرتبة الخامسة بعد المغرب والهند والاردن كل ذلك يلفت الانتباه الى خطورة الامر وتفاقمه

بصورة تستدعى العلاج قبل إستفحال الامر وتعذر الوصول الى حلول ناجعة. كما أن التقرير نفسه يذكر أن 5.%من سكان البلدان النامية عُرضة لمصادر مياه ملوثة[49]. وهكذا نرى أن هناك علاقة طردية مابين زيادة السكان وزيادة الطلب على المياة ونمو وزيادة التلوث ويساهم السكان بصورة اساسية فى زيادة التلوث من خلال النشاطات الانسانية المختلفة. وتلوث المياه أصبح الآن هاجساً وخطراً يهدد كل بقاع العالم ولم تسلم حتى المناطق المعزولة من تلوث المياه فحتى بحيرة (البيقال) فى سبيريا رغم عزلتها الا انها تلوثت واخذ التوازن البيولوجى فيها فى تقهقر[50]. وقد غزا كل المناطق فى العالم خاصة مصادر المياه فمن بين 55 نهر فى أروبا هنالك 5 أنهار فقط يمكن إعتبارها نقية وفى آسيا تلوثت كل الانهار التى تمر بالمدن كما ان 6.% من انهار العالم الكبرى واالتى عددها 277 نهر تأثرت بسبب السدود وشق القنوات مما أدى الى تدهور النظام البيئى[51]. وقد تمخض هذا عن وجود مليار إنسان فى العالم يفتقرون الى المياه الصالحة فيما لا يتمتع 4.2 مليار بالبنى التى يمكن الركون اليها فى تنقية المياه.[52]. هذا يهدد الحياة فى العالم حسب ما ذكر تقرير الامم المتحدة وذلك وفقا لمسح شمل 116 مدينة تبين ان المناطق الحضرية فى أفريقيا هى الاسوأ حيث ترتبط 18% فقط من المساكن بشبكات المياه والصرف الصحى وترتفع هذه النسبة فى آسيا لتصل الى 4.%. كما ذكرت مذكرة فرنسية حكومية أن االمياه هى السبب الاول للوفيات والامراض فى العالم بشكل مباشر او غير مباشر وأن 3 ملايين طفل يموتون سنويا بسبب النقص فى مياه االشرب الصالحة وتشكل النزاعات المروية 4.% من غذاء العالم. هذا

---

[49] مجلة العربى (2003م) عالم عطش (م س ذ) ص – 184-185

[50] أحمد رشيد – صفاء الحسن (1981م) علم البيئية – دار العلوم المتكاملة – بيروت ص-54

[51] مجلة العربى (2003م) عالم عطش (م س ذ) ص – 184-185

[52] www.islam.online.net

بجانب المشاكل الجيوسياسية لاشتراك ثلثى الانهار الكبرى والبحيرات مما جعل بعض التقارير تنصح بإقامة بنك دولى للمياه يهتم و يُمّول و يُرشد مشروعات المياه فى العالم[53].وقد قُدرت كمية المياه العذبة الصالحة للشرب فى العالم بنحو 41كلم3سنوياً وللزراعة النصيب الاكبر من هذا الاستهلاك حيث قدر ب 68% وتحصل الصناعة على 23% أما الاستهلاك الآدمى فيقدر بنحو 7%. و43% من هذه المياه يرجع مرة ثانية الى المصادر المائية فى صورة مخلفات و87%من هذه الكمية تعتبر مُلوثات تلوث المياه السطحية والجوفية. وقد تم التأكد من ان الاستهلاك المائى يزيد فبالإضافة الى زيادة االسكان نجد ظاهرة تحول كثير من الدول النامية الى الصناعة مما يزيد من مياه الصرف الصناعى ويُعرض المياه لمزيد من التلوث هذا بدوره يدعم إرتفاع اثمان معالجة مياه الشرب خاصة وان العالم يعانى من مشاكل التلوث العضوى وغير العضوى للانهار ومن اكبر المشاكل التى تواجه العالم هى مشكلة ملوحة مياه الشرب علماً بأن معظم الماء الارضى قد أستنفد فعلا بطريقة غير مرشّدة خاصة فى الولايات المتحدة والصين وقد اثبت الخبراء انه يتكون سنوياً (1.3 مليار) طن من النفايات الزراعية ومامجموعه 4 مليارات طن من النفايات الصناعية وغالبيتها عضوية فى هذه الظروف ينعدم الاوكسجين الحر فى كل مكان فى المياه فتظهر سلسلة من النكبات فنقص او انعدام الاوكسجين الحر يؤدى الى هلاك الاسماك والنباتات المائية ولايسمح للكائنات الدقيقة بتنقية المياه وحتى اذا قذفت مواد عضوية غير ضارة فإنها تؤدى الى خلل خطير فى التوازن البيئى.وزاد الامر تعقيداً ان اغلب المراكز السكنية فى كوكبنا خالية من شبكات تصريف المياه كما ذكر آنفاً وتمتاز الشبكات بالبدائية ولاتُؤمن النظافة بدرجة كافية وحتى فى الولايات المتحدة يُوجه ربع مياه التصريف

[53] www.Bintjbeil.com

القذرة الى الانهار دون إجراء اى معالجات وتجـُـرى على المياه المتبقية معالجة أولية بدائية للغاية مما ينجم عنه بقاء ثلث النفايات فى الماء. ولنأخذ مثال بسيط فى مدينة مكسيكية تدعى (ميريدا) حيث يشرب الناس من آبار جوفية ضحلة وتجرى جميع مياه الصرف ببطء حاملة معها النفايات الكريهة الرائحة فى قنوات حـُفرت على إمتداد البيوت الى جانب الآبار وتلقى المدينة يوميا كمية من النفايات تزيد 3.4 مرات عما كانت تلقيه باريس فى القرون الوسطى وتبلغ نسبة وفيات الاطفال 41.5% وهى ناجمة بالدرجة الاولى عن الامراض التى تبعثها مياه الشرب الملوثة[54]. واذا ما تحدثنا عن تلوث مصادر المياه فى العالم سواء أن كانت أنهار أوبحيرات أو خزانات أو مياه جوفية نجد ان المصدر الاول لتلوث الانهار هو التلوث بالميكروبات الممرضة والطفيليات وهذا مرده الى رداءة الصرف الصحى أما المصدر الثانى فهو التلوث العضوى من أصل طبيعى أو صناعى والدول الصناعية أكثر ضرراً . والمصدر الثالث هو المواد العالقة فى الهواء والتى عادة تصل المياه من مصادر صناعية أو نشاطات صناعية وهناك مصدر أخر هو ما تقوم الامطار بغسله من آكاسيد وهذه الامطار تُسمى بالامطار الحمضية (acid rain) وهى تؤثر بصورة مباشرة على مياه باالانهار والبحيرات وينتقل التاثير الى الاسماك حيث ان العديد من انهار أوربا وكندا فقدت أسماكها تماما وقامت السويد بصب الجير لمعالجة الحموضة[55].ولا يقف التاثيرالسالب للمطر الحمضى على التنمية والموارد الاقتصادية عند هذا الحد بل يتجاوزه الى الثروات الغابية حيث تحدث ظاهرة تسمى (الموت الخفى) تتمثل فى وجود أشجار جذورها جافة وفروعها وازهارها هشة. وقد توصلت الابحاث فى المانيا والسويد وكندا الى أن المطر

---

[54] مجلة العربى (اغسطس 2003م) (م س ن) ص – 184.

[55] سحر حافظ (1995) الحماية القانونية لبيئة المياه العذبة – الدار العربية للنشر والتوزيع – القاهرة –ص 58- 59-60

الحمضى هو سبب هذا الموت هذا بجانب التاثيرات التآكلية على المبانى والاثار وطلاء السيارات مما يشكل مشكلة أقتصادية هذا بجانب تأثيرها على صحة الانسان حيث تذيب المعادن وتحولها الى صورة أكثر سمية وتتصرف من التربة الى المياه التى تكون فى متناول الانسان . ويجب ألا يفوتنا ان نذكر ان اساس المطر الحمضى هو نشاط متصل بالانتاج اى ما تفرزه المصانع مع بعض الظواهر الطبيعية كالبراكين وأكثر الدول تضرراً هى البلاد الاسكندنافية والاجزاء الشمالية من الولايات المتحدة الامريكية[56].

هناك نماذج كوارث سببها تلوث الانهار علماً بأنه قلما يوجد نهر لم تمتد اليه يد الانسان بصورة أو باخرى بالتلوث. فنهر (جيمس) فى الولايات المتحدة عانى من جور اصحاب مصنع للمبيدات حيث تحول ماء النهر الى سم زعاف فتك بالكثيرين (فرعشة الكيبون)أصابت العشرات وقتلت االكثير من السكان علماً بأن الامر اُكتشف بعد عشر سنوات (1975م) وبعد ان قضى التلوث على الاسماك والقواقع وكل ما يحيط بالبئية من هواء وتربة وقد تم إغلاق النهر بالشمع الاحمر فى يوليو (1975م).

أما كارثة (ميناماتا) فى اليابان فقد كانت من الجسامة بمكان وقد كانت كارثة عالمية إذ أن مصنع (شيسو) الواقع على خليج (ميناماتا) يقذف نفاياته فى مياه الخليج منذ عام (1949م). وهى تحتوى على مركب الزئبق السام ولم يبالى اصحاب المصنع بذلك ولم يتم صرف اموال لمعالجة وتنظيف هذه السموم بغرض توفير هذه الاموال والحصول على ربح اكبر. وقد تم التعرف على الاسباب المؤدية للامراض التى بدأت بالحيوانات وانتهت الى كوراث إنسانية

---

56 محمد السيد ارناؤط (1993م) الانسان وتلوث البيئة الدار المصرية البنانية – القاهرة ص 15-12

فى عـام (195.م)ثم عُرفـت خفـايا واسرار المـرض فى سـبتمبر (1956م) والسبب يعود الى إستهلاك كائنات بحرية ملوثة بمركب سام جداً وهـو "ميثيل الزئبق " بعد ذلك الزمت السلطات اليابانية عام (1973م) المصنع دفع غرامة كبيرة لأسر الضحايا[57]. وهناك معظم انهار الجزيرة البريطانية والتى ماتت والتى يبذل المسؤلون الجهود من اجل اعادة الحياة إليها مثل نهر(التايمز) ومازال الجدل محتدماً حـول نهـر (ديرفنـد) فى بريطانيـا والذى تم إغلاقـه فى وجـه النشاط البشرى خشية ان يموت[58]. أما عن تلوث البحيرات وخزانات المياه فإن المصدر لتلوث هـذه المصادر النشاطات الانسانية خاصة النفايات الزراعية الكيمائية كالاسمدة والمبيدات وهذه المشكلة واضحة فى كل من الدول النامية والمتقدمة على حد السواء[59]. وفى الدول النامية غالباً ما تستخدم هـذه المصادر المائية كمُستودع لمياه المجارى ومياه الطفح الصناعى حيث تكثر مشاكل التلوث ولا تتمكن منظفات البيئية من القيام بدورها فى تنظيف المصادر المائية.وتتميز البحيرات بظاهرة خاصة تثير قلق الانسان المعاصر الا وهى النمو المتزايد والمرضى للطحالب االمائية وهى ظاهرة تُعّبر عن إنقطاع السلسلة الغذائية وهذا هو مصدر القلق والامثلة على هـذه الظاهرة معروفة فى العالم منها بحيرة (ايرية)فى الولايات المتحدة الامريكية والتى تعتبر مثالاً حياً للتدهور الخطير فى البحيرات وخلال السنوات الماضية فإن معظم البلاجات قد اغلقت كما إختفت الاسماك الجيدة تماماً على حساب اسماك مقاومة وأقل جودة وهنالك بحيرات لم تصل الى درجة بحيرة (ايرية) ولكنها تنازع مثل (ليمان) فى سويسرا وبحيرة (آنسى)فى فرنسا ويمكن حمايتها إذا أ ُتخذت الاحتياطات

---

[57] إسماعيل محمد المدنى (1995م) بيئتنا فى خطر قصص واقعية عالمية-جامعة الخليج العربى ـالبحرين.

[58] سمير رضوان (ابريل 2002م) دمار البيئة ـ دمار الانسان ـ كتاب العربى.

[59] محمد السيد ارناؤط (م س ن) ص 12-15

اللازمة. ولم تنجو افريقيا من مشكلة الطحالب فبحيرة (فكتوريا) وهى ثانى أكبر بحيرة فى العالم تعانى من نقص الاوكسجين وغزو الطحالب وموت الكثيرمن الاسماك وانقراض الكثير منها وكل هذه النماذج مجرد امثلة وما خفى كان أعظم. أما بالنسبة لتلوث الماء الارضى أو الجوفى فان اهم المشاكل التى تواجهه هى ارتفاع درجة ملوحته وهذا يرجع فى المقام الاول الى قيام مياه الرى والامطار بغسيل الاراضى اما ثانى ملوثاته فهى النترات والنتريت اثناء صرف الاراضى الزراعية المسمدة كيميائيا وهذه الظاهرة اوضح ما تكون فى غرب اروبا حيث تجاوزت نسبة النترات المسموح به عالميا[60]. كما ان الافراط فى استخدام الموارد الجوفية يساهم فى زيادة المشكلة حيث ان نقص المياه يؤدى الى إستنزاف الموارد الارضية وتعانى الصين على وجه الخصوص من هذه المشكلة إذ تسبب تلوث ونقص المياه فى إفقار 4.. مدينة صينية مما ضغط على موارد المياه الجوفية[61] علمًا بأن أكثر من مليار ونصف المليار من البشر يعتمدون على المياه الجوفية لتلبية احتياجهم من الميا العذبة وذلك وفقاً لتقارير واحصاءات الامم المتحدة وعموماً فإن المياه الجوفية تعانى من مشكلتين ، الاستنزاف والتلوث. إضافة الى كل ذلك هناك التلوث بالنفط والذى ظهر فى النصف الثانى من القرن العشرين وهو يُعتبر اخطر مُلوث للبحار ومصادر التلوث النفطى متعددة منها حوادث الناقلات والحوادث البحرية مثل حادثة (تودى كاينون) فى بحر "المانس" عام 1967م وحادثة (اسكوكاريز) عام 1978م واضخم تسرب كان فى عام 1979م فى بئر (اكستوك) جنوب خليج المكسيك.والجدير بالذكر ان حوادث ناقلات النفط مسئولة عن حوالى 1..15% من تدفق الزيت فى المحيطات والتفجير الذى

---

60 سحر حافظ (م س ذ) ص- 81

61 http://arabic

يحدث فى البحار وتسرب النفط هذا بدوره يؤثر سلباً على البيئة والاقتصاد فى المناطق الشاطئية. والشواهد كثيرة على آثار التلوث بالزيت فى المسطحات المائية ومن أبرزها ماحدث فى نهر (الراين) الذى أصبح شديد التلوث وبحر (البلطيق)الذى أ ُعتبر ميتاً بل أن إستهلاك الاسماك القليلة المتبقية فيه يُنذر بعواقب وخيمة اما البحر الابيض المتوسط يبتلع سنوياً 500 الف من البترول وهناك ايضا حوادث الانتحار الجماعى للحيتان والتى فسر ها العلماء بانها تلجأ الى ذلك للتخلص من معاناتها بسبب تلوث المياه بالزيت الاسود. وهناك اكثر من ثمانمائة مادة كيمائية فى امدادات مياه الشرب العالمية تحتوى على مختلف العناصر من مبيدات ونترات ومواد كيمائية تتفاعل لتسبب السرطانات والامراض المميتة هذا بجانب الالمونيم المشتبه فيه الاول فى إنتشار مرض (الزهايمر) الخرف المبكر[62].وقد تم ذكر أن اكثر وفيات الدول النامية سببها تلوث المياه و55% من سكان الريف و4.% من سكان الحضر يفتقرون الى المياه المأمونة ويقّدر خبراء الصحة العالمية أن 14 مليون طفل يموتون سنوياً بسبب عدم توفر مياه الشرب وغياب الصرف الصحى منهم 4 ملايين يتوفون دون الخامسة بسبب الاسهال الذى يسببه الماء الملوث[63]. هذا بالإضافة إلي مشاكل خصخصة المياه وإسهام شركات المياه فى بيع ماء ملوث لتجبر المواطنين على شراء المياه النقية وهذا ماحدث فى بريطانيا (1988م) حيث تلوثت المياه بديدان الدسنتاريا وأصابت العشرات[64]. ومن ما تقدم نتوصل الى حقيقة واحدة وهى أن المشكلة أو بالاحرى المأساة عامة وخطيرة بحيث انها تهدد مصير الانسان على سطح البسيطةولا يخ ُفى على احد ان الماء اساس للتنمية والتقدم كيف لا وهو اساس هذه الحياة ويكفينا

---

[62] http://arabic

[63] مسعد تشيدى تأثير السموم على صحة وسلامة الانسان \www.aun.edu.eg

[64] kefaya.org.\reports

قوله تعالى: {وجعلنا من الماء كل شئ حى أفلا يؤمنون} (الانبياء 3). وحتى نعطى كل ذى حق حقه فيجب ان نذكر ان الجهود تُبذل من اجل محاولة إصلاح ماخربته يد الانسان إذ و ُضعت القوانين والنُظم من اجل تخفيض كميات التلوث منذ عام (1972م) حيث وضع مشروع ضبط تلويث مشترك بقيمة 15 مليار دولار من قبل كل من كندا والولايات المتحدة.وفى عام (1987م) وقعتا على إتفاقية جديدة بهدف تقليل تصريف زهاء 36. مادة كميائية سامة للاحياء البحرية وهذا فى إطار محاولة لإنقاذ البحيرات العظمى والتى تزود 26 مليون بشرى بالماء وتقع عليها 4.%4 من الصناعات الامريكية ونصف الصناعات الكندية[65].كما انه فى الثمانينات تم توفير مياه شرب آمنة ل 29% من سكان الريف فى الدول النامية بينما فى المدن توفرت ل77% من السكان بينما توفرت ل35% من الريفيين و66% من المدنيين وسائل صرف صحى. كل هذه الجهود وغيرها جيدة الا أنه مازال هناك 165.مليون من البشر فى الريف لايجدون ماء آمن بجانب وجود 147. مليون فى الريف بدون صرف صحى.وهكذا نرى انه مازال الصراع محتدماً بين المخربين وبين ما يسعون الى إنقاذ ما تبقى فقد إقترح " فالك" الفرنسى الاصل ان يتم الحصول على رخصة بيئية بدلاً عن رخصة البناء لتحديد الاستعمال الافضل لمكان معين وكالقانون الذى يجيز إقامة المعامل والمنشآت بتصاريح مفصّلة عن نتائجها على الاقتصاد والبيئة. واعتباراً من (1969م) لا تُعطى رخصة بناء فى الولايات المتحدة إلا بناءاً على شهادة بيئية[66] وكل ذلك يدخل فيما يسمى بدراسة الجدوى البيئية (Environmental Impatc Assement).

---

[65] عبد الله الطرزى- أحمد الظاهر (1998م) الانسان والبيئة – دار الفرقان – عمان ص- 280-278

[66] حمد عبدالله (2000م) بحث بعنوان التلوث بالزيت واثره على الاحياء البحرية –جامعة البحر الاحمر- كليةعلوم البحار- ص2-3-4

5. تلوث المياه فى السودان

للسودان العديد من المصادر المائية :

1] الامطار:

يعتبر الصيف هو فصل الامطار فالفترة مابين مايو واكتوبر هى التى تطل فيها الامطار ويتميز هطول الامطار بالاختلاف الواضح فيما يختص بالتوقيت والتوزيع والمكان مما يُعمق المخاطر بفشل المحاصيل فى مواقع معينة لذا انتشرت الزراعة المطرية الآلية فى كل انحاء أواسط السودان تغذى الامطار بجانب الزراعة المخزون الجوفى والوديان ونقاط المياه المنتشرة بالكميات التى تفى باحتياجات الثروة الحيوانية الهائلة والحيوانات البرية. رغم ذلك فالاعتماد على الامطار ضئيل فمناطق الجنوب والتى تهطل فيها الامطار بغزارة تكثر فيها المستنقعات والحشرات الضارة بالانسان والحيوان والمياه الجوفية يحتاج حصرها واخراجها لتكاليف لا قبل للدولة بمقابلتها فى الوقت الحاضر بجانب وان تغذيتها السنوية محدودة.[67]

2] مياه النيل:

أما بالنسبة لمياه النيل فى السودان هو نقطة ألتقاء الروافد النهرية التى تنبع من من الهضبة الأثيوبية ومنطقة البحيرات العظمى يجرى النيل الازرق ورافديه الدندر والرهد من الشرق بايراد سنوى يبلغ حوالى 54 مليار متر مكعب يضيف رافد عطبرة 12 مليار متر مكعب أخرى. ويبدأ بحر الجبل من بحيرة فكتوريا حيث الامطار طيلة العام ويضيع الجزء الذى يحمله نسبة للتبخر فى

[67] احمد رشيد وهناء الحسن (م س ذ) ص - 29

منطقة السدود. وقد كان مشروع قناة (جونقلى) والذى بدأت دراساته منذ (1967م) والذى صمم بحيث يزيد ايراد النيل بحوالى 4.7 مليار متر مكعب وذلك باتفاق مع الحكومة المصرية عام (1973م)الا ان الفكرة اُجهضت بسبب تمرد في جنوب السودان وبقرارمن الجمعية الملكية البريطانية[68] . ويصب معظم ايراد بحر الغزال فى بحيرة "نو" وبالطبع فإن التباين فى إنسياب النيل الازرق ونهر عطبرة حتمّ إقامة خزانات لتخزين المياه وقد قام الطمى بخفض الطاقة التخزينية بنسبة 25% فى خزان الرصيرص بنسبة 4.%‏ فى كل من خزانى خشم االقربة وسنار. ويستغل السودان حاليا 14.6 مليارمترمكعب من نصيبه فى مياه النيل لاغراض الرى وإقامة الخزانات المقترحة من شأنها تمكين البلاد من إستغلال جزء معقول من نصيبها فى مياه النيل. ومياه النيل مثار للجدل والخلافات والمناقشات وقد إتفقت تسع دول من الدول العشرة التى تشترك فى حوض النيل على عقد مشاركة إقليمية وهى [مبادرة حوض النيل] "NBI " وأنطلقت فى فبراير (1999م) من اجل تسخير الامكانية الهائلة للنيل عبر تنمية وادارة مستدامة لمياه النيل للوصول للفائدة المتبادلة. والرؤية المشتركة لمبادرة حوض النيل هى الوصول الى تنمية إقتصادية واجتماعية مستدامة عبر الاستخدام العادل والاستفادة من مصادر ماء النيل المشتركة[69] .

3] المياه السطحية والموسمية :

وتشمل القاش والويان المنتشرة اواسط السودان وقد أنشأت عدد من السدود والحفائر لاستخدامها استخدام امثل والخطط مستمرة لاستغلالها.

---

[68] التوم حمد وآخرون (2002م) ورشة عمل مستقبل البحث العلمى فى مجال المياه كرسى اليونسكو للمياه الخرطوم

[69] الاستراتيجية وخطة العمل القومية- ص 6

4] المياه الجوفية :

تشمل الطبقات الصخرية الحاملة للمياه من الصخور الرمليةالرسوبية وسلسلة "ام روابة" والصخور الاساسية والمسوحات الاولية مستمرة لتحديد كميات المياه الجوية لاستغلالها بصورة امثل[70].

ان المشاهد العادى يحق له ان يظن ان الموارد المائية المتاحة للسودان لا تحدها حدود لكن واقع الحال يوضح بجلاء انه يحق للسودان ان يتصرف فى 2% فقط من مياه النيل حسب اتفاقية (1959م).

وهذا الامر يتطلب تخزين فى فترة الفيضانات القصيرة لتستخدم فى فترة انحسار المورد الطبيعى الذى يدوم لثمانية اشهر وذلك إضافة للطمى الذى ذكرنا انه يعوق المواعين التخزينية خاصة فى فترة الفيضان وحتى الاودية لاتصل الى النيل وتأتى فى تدفقات سريعة وقصيرة يصعُب االتحكم فيها بالصورة المطلوبة كما ان اغلب المياه السطحية والجوفية شراكة مع دول الجوار يؤثر فى استخدامها الامثل تقلب الاجواء السياسية والاقتصادية والاجتماعية إضافة الى التدخلات الاجنبية0

والجدول رقم (1) يبين الموارد المائية المتاحة للسودان (بالمليار متر3)

---

[70] الطيب احمد المصطفى حياتى(1998م) الموارد البيئية والتنمية فى السودان- مركز الدراسات الاستراتيجية – االخرطوم –ص - 16

المورد المائى	الكم المتاح	المحددات والصعوبات
النصيب من مياه النيل	20.5	موسمية الايراد وضيق مواعين التخزن
الاودية خارج المنظومة	5.5	تذبذب موسمية الايراد والشراكة مع دول الجوار
تغذية المياه الجوفية	4	عمق المياه والبعد عن البنيات الاساسية (البيئة والاقتصاد)
الجملة الحالية	30	يصعب الحصول عليها للاسباب اعلاه
من مشاريع زيادة الانتاج	60	التكلفةالعالية والآثار البيئة والاجتماعية
الجملة مستقبلا	36	تحفها صعوبات خاصة من دول الجوار

المصدر: ورشة عمل مستقبل البحث العلمى فى مجال المياه

اما الامداد المائى للاغراض المنزلية فى الريف والحضر م3يومياً) فيوضحه الجدول رقم (2):

السنة	حضر(Urban)	ريف(Rural)	الجملة(Total)
1998م	850000	350000	1200000
1999م	950000	350000	1300000
2000م	1000000	400000	1400000
2001م	1100000	525000	1625000

2002م	1100000	780822	1880822

المصدر: الهئية القومية للمياه (السودان فى أرقام) وزارة مجلس الوزراء المركزى.

من الجدول (2)نستنتج ان الإحتياجات مُتزايدة وقد ازدادت بصورة مضطردة فى الريف فى السنوات الأخيرة وقضية التلوث المائى فى السودان ترتبط بكل هذه المصادر.

نهر النيل

وبالرغم من انه يُعتبر من اقل انهار العالم تأثراً بالتلوث الا انه لم يسلم من التلوث ومن الأولى الالتفات الى تحسين احوال مياه النهر بدلاً من اضاعة الوقت والجهد فى منازعات حول مياه يضربها غول التلوث فاخطر ما يهُدد استقرار سبل الحياة فى دول حوض النيل هو تلوث مياه النهر من منابعه الاستوائية الى مصبه فى البحر المتوسط واكبر دليل على ذلك ما حدث فى بحيرة " فكتوريا" التى لم يبق فيها الا ثمانية انواع من الاسماك من جملة ثلاثمائة نوع وقد حدث هذا بسبب التلوث الشديد لاكبر بحيرة استوائية فى العالم بجانب ذلك فقد لعبت السدود والخزانات دورها فى اعاقة قدرة النهر الطبيعية على تنظيف نفسه ذاتيًا فقد كان الفيضان يكستح سنويا ما يتجمع فى مجراه من مخلفات ليعود نظيف ومع اندفاع دول المنطقة فى تنفيذ خطط مستعجلة للتنمية تعرضت الانظمة البيئية فى حوض النيل عامة لضغوط فى إتجاهين : ضغط الطلب المتزايد على المياه وضغوط النفايات المتخلفة عن

الانشطة الزراعية والصناعية المتزايدة إضافة الى مخلفات السكان والذين يتزايدون كل عام.

وعدد المصانع المنشأة على ضفتى النهر فى مصر فقط يزيد عن االثلاثمائة مصنع تصر ˝ ف 312 مليون متر3 من المياه الملوثة[71]. أما فى السودان فتوجد معظم المصانع على شواطئ النيل وذلك لاهمية المياه فى عملية الصناعة ولاستغلال مجارىالانهار للتخلص من الفضلات الصناعية. كما أن هناك دراسة بعنوان حماية وتطوير شواطئ النيل بمركز الخرطوم قام بها كرسى اليونسكو للمياه تناولت مسببات تلوث مياه النيل حيث أثبتت الدراسة أن هناك تلوث بسبب تدفق مخلفات محطة (برى وبحرى الحرارية) الى النيل الازرق مباشرة وهو تلوث حرارى وكيمائى وبواسطة الدهون والزيوت وسجن (كوبر الاتحادى) وسلاح الاشارة وسلاح المهمات يقوم بتلوث المياه بصورة غير مباشرة من خلال احواض التحليل ومطعم السياحى امام وزارة التربية والتعليم به بئر وحوض تحليل يتم شفطها من وقت لآخر وهى مصدر تلوث غير مباشر وكافتريات السياحية " المرسى. الضفاف.... " وبها احواض تحليل وآبار تُشفط من وقت لآخر (يومياً حسب إفادة شركة التجميل) وتتجمع فى هذه الاحواض مياه المراحيض والمطابخ وبالطبع فإن هناك جزء من هذه المياه يجد طريقة للنيل بجانب الفضلات الصلبة وبقايا الاطعمة والتى تلقى على ضفاف النيل بصورة مباشرة أو غير ذلك. كما أن المؤسسات القائمة على الضفة الجنوبية للنيل الازرق لها بصمتها السوداء على النيل هذا إضافة لانشطة القوارب والسفن السياحية. أما بالنسبة للضفة الشرقية للنيل الابيض فنجد أن هناك اكثر من مصب جنوب كبرى الانقاذ منها الدائم والموسمى مثل

[71] مجلة العربى (2003م) النيل نهر اسمه النهر ـ الانسان والبيئة العدد 531 – ص 154- 155

فوائض محطة مجارى سوبا تلاشت حالياً)ولكن وصولها للنيل مستقبلاً وارد
وفوائض مصنع الذخيرة من خلال الآبار حيث تحتوى على بعض المواد
الكيميائية خصوصاً العناصر الثقيلة (كالرصاص) وفضلات المدابغ ومجمع ساريا
يقوم بافراغ بعض العناصر التى لها آثارها الخطيرة على صحة الانسان كالكروم
أما مصنع (كج كولا) وبعض المصانع الاخرى والورش فتسبب تلوثمباشراً .
وبالنسبة للضفة الغربية فتُعتبر مصب لمخلفات السلاح الطبى ومصنع الادوية
وهى تصب فى النيل بعد مرورها خلال احواض التحليل وعربة شفط وربما
سيتحسن الوضع بعد إكتمال تركيب محطة معالجة الفضلات بالسلاح الطبى
علماً بان هذه الفضلات يتخلص منها فى باطن الارض ومنها الى النيل
الابيض مباشرة. وفى شمال المجلس الوطنى نجد غسيل السيارات مما ينتج
عنه تلوث بالزيوت هذا، بجانب فضلات (سوق السمك) بالموردة فى (خور
ابوعنجة) وهى مواقع تسبب فى تلوث دائم موسمى.اما مصب مُجمع سكن
الطالبات بداخلية الشهيد (على عبد الفتاح) وتضم 36.. طالبة بحيث تتدفق
مياه الغسيل مباشرة الى ا لنيل مُسببة تلوث مباشر. وتُعتبر محطة مياه
امدرمان شمال كبرى شمبات احد الملوثين الاساسيين حيث تتدفق مياه
غسيل المرشحات والمواد المترسبة وبها بقايا (البوليمبر) بجانب وجود غسيل
السيارات.وبعد التحليل البكتريولوجى والكيميائى اتضح إنتشار البكتريا
القولونية المسببة للنزلات المعوية والاسهالات المسماة الاشريشيا كولاى (.E
Coli) وبصورة يصعب حصرها فى كل المناطق الثمانية التى خضعت للدراسة
ماعدا محطة مياه امدرمان.اما التحليل الكيميائى فقد أثبت تلوث مياه النيل
ووجد النيل الازرق هوالاكثر تلوثاً . هذا يعنى ان هناك ممارسات مهددة
لسلامة مياه النيل تتنافى مع قانون صحة البيئة لعام (1975م) والمعدل فى
(1998م).الآثار البيئية والاقتصادية التى رُصدت أن المياه الآسنة فى فندق

" قصرالصداقة " تستخدم لزراعة الخضروات وجوار الشاطئ لها آثرها السالب على صحة الانسان. وقلة الاسماك جوار الضفة الشرقية للنيل الابيض بسبب تلوث مياهه[72] وأن مواجهة تلوث مياه النيل تحتاج فى المقام الاول لوضوح الرؤية لدى الجميع وعدم التهوين من حجم المشكلة وإتاحة البيانات المتصلة بها لمن يطلبها وهذا الامر لم يتحقق بعد ولاأخاله خاصة فى بلد تنقصه الشفافية والوعى مثل السودان.

البحر الاحمر

تنحصر عوامل تدهور البيئة البحرية فى الاستغلال الجائر للموارد البحرية والتلوث.[73] ويعتبر التلوث البحرى بالنفط هو اكبر مشكلة تواجه العالم بعد التقدم فى عمليات إستخراج البترول وكذلك نقله عبر البحار حيث يمثل نقل البترول الخام 65% من اجمالى النقل البحرى العالمى علما بان الانتاج العالمى للبترول يبلغ3مليون طن سنوياً ونصف هذه الكمية تنقل بحرياً وبعد ان تفرّغ ناقلات البترول حمولتها تُملأ الخزنات بماء البحر لحفظ توازن الناقلة وكذلك لغسيل هذه الخزانات مما يؤدى الى تلوث المياه بعد الشحن مرة أخرى إذ تفرغ هذه المياه الملوثة بالنفط فى البحر. وفى ميناء " بشائر"حيث يُصدّر الى جميع بقاع العالم بواسطة ناقلات النفط العملاقة. وبالرغم من أنه اكبر دعامات الاقتصاد السودانى الا انه يمثل اكبر مُهدد للبيئة فى الساحل السودانى كذلك فإن الدرسات االتى اُجريت فى البحر الاحمر لمعرفة تأثير الملوثات على الكائنات الحية البحرية وخاصة تلوث النفط وُجد أن تأثير نشاطات الانسان

---

[72] كرسى اليونسكو للمياه (أغسطس 2002م) دراسة بعنوان حماية وتطوير شواطئ النيل بمركز الخرطوم – ص 102- 108

[73] د. عيسى محمد عبد اللطيف (1993م) المنظور البيئى للتنمية فالسودان الجمعية السودانية لحماية البيئة- ص 81

فى البحر الاحمر قليلة جداً ما عدا النفط الذى يكون تأثيره كبيراً على الساحل والشُعاب.وقد أجريت ايضاً على جزء من ميناء (بورتسودان) لمعرفة مدى التلوث بالزيت وتأثيره على المنطقة وقد اظهرت النتائج أن المنطقة تُعانى من تلوث مُزمن والمسئول المباشر هو محطة توليد الكهرباء إضافة الى ورشة الحوض لتصليح السفن بجانب دور النفط فى صنع التلوث وقد أثر ذلك على الاسماك إذ لا توجد احياء بحرية فى المنطقة هذا بالنسبة للمحطة الاولى اما المحطة الثانية فتوجد بها القليل من الاسماك أما المحطة الثالثة توجد بها بعض الطحالب والسرطانات واعداد كبيرة من الاسماك بجانب ذلك فإن عدم وجود حشائش أدى الى تلوث الرسوبيات بالزيت اضافة الى موت الشُعاب المرجانية جميعها. وهكذا نرى ان االتلوث قد اثَّر بصورة سلبية على طبيعة المنطقة وتنوعها الاحيائى مما ادى الى عدم إستقرار النظام البيئى[74]. ويجب ان نضع فى اعتبارنا ان النفط ليس وحده المسئول عن التلوث فى المنطقة كما تقدم بل هناك مصنع الاطارات الذى يسبب التلوث الحرارى الى جانب انعدام الوعى البيئى والاهمال وهذا بالطبع ليس قاصراً على سكان البحر الاحمر. كذلك هناك التلوث بمخلفات الاسمدة والمبيدات والكيماويات الاخرى وهذا النوع يحدث عند غسل و تنظيف اللوارى والشاحنات الكبيرة وهو يهدد بانتقال السموم من لحوم الاسماك الى الانسان.

اما فيما يختص بالمجارى والاوساخ التى يتم تكديسها على الشاطئ كما كان يحدث داخل ميناء (بورتسودان) و(بسقالة ابو حشيش) ومازالت الفنادق وغيرها من المبانى السكنية الكبيرة تتخلص من المجارى فى البحر اضافة الى ذلك فإن للتعدين دوره السلبى على البيئة البحرية كما أن المبيدات التى ترش

---

[74] احمد عبدالله يوسف (2000م) بحث بعنوان التلوث بالزيت واثره على الاحياء البحرية- جامعة البحر الاحمر - ص3- 6

فى الوديان والخيران الموسمية حيث يتواجد الجراد على وجه الخصوص تجد طريقها الى البحر الاحمر والمياه الجوفية عندما تغسل بواسطة الامطار[75]. وعلى الرغم من الانجازات التى حققتها وزارة الرى والموارد المائية من القفز بمياه الريف من 3. % الى 52% مع بداية عام (2.. 2م) ومياه المدن من 5. % الى 72% وانشاء سدود بلغت سعتها التخزينية 45.5 مليون متر3 مقارنة ب36 مليون متر مكعب الا ان الكثير من الولايات تعانى من شح ُ وعدم توفر مياه الشرب حتى ولاية الخرطوم والتى باعتبارها عاصمة البلاد ومهد الحضارة والخدمات. وتعانى ولاية سنار والنيل الابيض و النيل الازرق من شح حقيقى خاصة فى مواقع الانتاج والثروة االحيوانية[76] وحقيقة الامر ان مشكلة الكم كبيرة ولكن المسألة تدخل فى اطار حرج حين تتحول الى مشكلة نوع وكم معاً .

تلوث مياه الشرب في ولاية الخرطوم

تتمتع الخرطوم بموارد مائية جيدة بكل أنواعها السطحية من انهار ووديان ومياه جوفية باحواضها المختلفةوقد أ ُجريت دراسة فى الفترة من يوليو الى اكتوبر (2.. 1م) تم فيها فحص 142 صهريج من صهاريج مؤسسات القطاع العام و المنازل ووجُد ان عدد الصهاريج الملوثة 45 بنسبة 31% وقد عُزى الامر الى عدم اجراء بطانة لها بصفة منتظمة بجانب تركها دون غطاء فى بعض الحالات ويرجع هذا الامر فى المقام الاول الى انعدام الوعى الصحى.كما فُحصت 58 عينة من مياه الشبكة (المواسير) وكانت الملوثة منها14بنسبة 24.1% ويُعتبر هذا الامر غير طبيعي لان من المتعارف عليه ان مياه االشبكة (المواسير)

---

[75] عيسى محمد عبد اللطيف (م س ذ).

[76] احمد المجذوب (2002م) مؤتمر مياه الشرب – المخاطر والعالجات- الخرطوم.

يجب ان تكون خالية تماماً من التلوث فى الظروف الطبيعية ولكن قِدم مواسير الشبكة والكسور المتكررة ادى الى ارتفاع هذه النسبة علماً بان بداية تأسيس شبكة مياه الخرطوم كان منذ عام (1925م) وفى الاعوام (1927.1954.1964م) حدثت اضافات جديدة ولم يحدث تحديث كذلك فإن انعدام الكلور فى الشبكة يؤكد على انها غير محمية من أى تلوث طارىء قد يحدث لها اما بالنسبة للازيار فقد فحص 1. 7 منها وكانت الملوثة 94 بنسبة 87% وهى بالطبع نسبة مرتفعة وقد عُزى الامر الى ملامسة الايدى احياناً كثيرة بجانب تدنى مستوى النظافة الشخصية والوعى الصحى. وترتفع نسبة التلوث عند التخزين للاسباب المذكورة اعلاه اما تلوث المصادر (الآبار) فربما يعود السبب الى وجود مراحيض قريبة من موقع البئر. كما ان (الموتور) او الساحب يفاقم من تلوث المياه وذلك من خلال دراسة استهدفت 37 عينة ماء اخذت من الشبكة مباشرة بعد تشغيل الساحب وقد بلغت نسبة التلوث 73%. كذلك فإن ولاية االخرطوم منذ امد بعيد لم تعرف نظام صرف صحى فعّال وشامل يُراعى النواحى البيئية المختلفة حيث ان هناك قصور واضح فى الخطوط الناقلة وبعض محطات المعالجة الموجودة من حيث احتياجها للصيانة اضافة للتخلص من ناتج هذه المحطات يتم مباشرة فى النهر او فى منطقة الحزام الاخضر.

وقد كان النظام المُتبع منذ القدم فى منطقة امدرمان وضواحى الخرطوم والخرطوم بحرى هو نظام (الحفرة البلدية)ثم اُضيف نظام الصرف الصحى فى منطقة الخرطوم دون معالجة وذلك بالتخلص من ناتج الفضلات مباشرة الى النهر وقد كان ذلك بكميات قليلة ولكن مع إتساع الرقعة السكانية فى الولاية (حوالى 6مليون نسمة تقديراً) تم البدء بنظام الصرف الصحى بواسطة آبار

التخلص من ناتج احواض التخمير[77]. التلوث بمياه الصرف الصحى يؤثر اول ما يؤثر على المياه الجوفية علما بأن الماء الجوفى يقوم بتوفير حوالى 6. % من إجمالى امدادات المياه فى الولاية. ونجد ان هناك دلائل قوية على تلوث المياه الجوفية فى مناطق كثيرة من اجزاء الولاية كالرياض والطائف والشجرة... الخ. واظهرت دراسة عشرين عينة من آبار من مختلف اجزاء الولاية ان هناك 4. عينة بها تلوث بكتيرى بدرجة كبيرة[78] و ُيعزى الامر الى إنتشار آبار السايفون بنسبة 1.. % بجانب الكثافة السكانية. وما يدلل على ان مصدر التلوث هو آبار السايفون تلك الرائحة الغير مستساغة والتى تشبه رائحة البيض الفاسد والتى اشتكى منها الاهالى مما تسبب فى اغلاق الكثير من الآبار مثل بئر سوق الشجرة واللاماب وبئر قاعة الصداقة. وقد اثبتت التحاليل ان التلوث فى منطقة (الشجرة. ود عجيب. الرياض) ناتج من الفضلات الانسانية وقد وجدت بكتريا (الاشريشيا) والتى تعتبر بكتريا قولونية خطيرة. وساعد علي تلوث المياه فى منطقة (بحرى) فى اغلاق بئر شمبات وهناك تلوث فى ريف منطقة (شرق النيل) وفى الاغلب الاعم يرجع ذلك للصرف الصحى وحتى الآبار التى ح ُفرت قريبا مثل بئر (ام القرى) "1/1. /1994م" نجد ان طعم الماء متغير وبه رائحة ولون مائل للاصفراروويرجع ذلك ايضا ً الى نظام الصرف الصحى والتركيز االعالى لغاز الامونيا والذى يشكل خطورة على صحة الأنسان[79].

---

[77] احمد صيام (2002م) التخزين والتوزيع – مؤتمر مياه الشرب المخاطر والمعالجات – الهيئة القومية للمياه – الخرطوم.

[78] م0 المعتز عبد الله (2002م) تلوث مصادر المياه الجوفية فى ولاية االخرطوم – مؤتمر مياه الشرب – ص 37- 38

[79] امل الفاضل (1999م) تلوث المياه الجوفية بولاية االخرطوم. درجة البكالريوس فى العلوم (هندسة مدنية) جامعة الخرطوم.

الولايات الغربية

فى غرب السودان نجد ان هناك فجوة بين طلب المياه والمتوفر منها رغم المجهودات التى بُذلت من قبل هيئة توفير المياه والتنمية الريفية ورغم تعدد المصادرهذا اضافة الى تزايد عدد السكان بصورة كبيرة وبنسبة 2.7% فى لمتوسلط سنوياً فى ولايات الغرب الست هذه الزيادة يقابلها صغر مواعين التخزين وشيخوخة شبكات المياه والتى لم تكن شبكات بالمعنى المفهوم بجانب تزايد اعداد الأنعام علماً بان ولاية شمال كردفان تعتبر افضل حالاً من رصيفاتها[80].

الولايات الجنوبية (سابقا)

اما فى الولاية الجنوبية نتوفر المياه الجوفية والسطحية إلا ان الاخيرة تعانى من وصول الفضلات المدنية والسطحية االيها خاصة فى مناطق الكثافة السكانية او فى مناطق الزراعة والصناعة وقد ظهر التلوث فى مدينة جوبا ومدن اخرى نسبة لعدم توفر الحماية اما اغلب هذا التلوث فيرجع الى تصرفات االسكان وانعدام وعيهم.

ورغم ما ذُكر من توفر مصادر مياه كافية إلا ان المواطن الجنوبى بمجرد ان جاء االصيف فإنه يظمأ ويسير الى مسافات طويلة من اجل الماء وبالتالى فإن المشكلة تصبح مشكلة كم وهنا يتناول الانسان أى نوعية من المياه فقط يشغله سؤال واحد هو كيف يطفئ ظمأه؟ ولو من مياه ذات نوعية متدنية وملوثة.

---

[80] م0 آدم ادريس سليك (2002م) ورقة القطاع الغربى مؤتمر مياه الشرب المخاطر والمعالجات – االخرطوم – ص 84- 95 – 102

ان الولايات الجنوبية مثلها مثل غيرها من الولايات الاخرى تفتقر الى حماية موارد ومصادر المياه من اسباب التلوث مما ينعكس سلباً على إستخدمات المياه خاصة فى الريف واطراف المدن. كما أن كل نتائج العينات واالتى أخذت من مدن مختلفة فى الولاية الجنوبية كانت سيئة للغاية ومعظم مياه الشرب ملوثة ابتدأً من المياه التقيلدية التى يحفرها المواطنون مروراً بالمياه المأخوذة من الانهار للشرب والمياه من الآبار الضحلة وانتهاءً بالماخوذة من محطات التنقية [81].

الولاية االشمالية

تعتبر المياه الجوفية هى المصدر الاساسى لمياه الشرب وأثبتت التحاليل والمعلومات أنها تمتاز بالعذوبة وتشابه فى تكوينها الكيميائي مياه النيل كما انها تخلو من البكتريا القولونية.اما بالنسبة للطلمبات والآبار العادية فتمتاز بارتفاع درجة الملوحة كما انها عُرضة للتلوث البكتيرى وكذا الأمر بالنسبة للأجزاء التى تعتمد على مياه النيل وهناك ايضاً مشكلة الاطماء الذى يزيد عاما بعد عام بجانب الصعوبات الادارية والتى تتمثل فى ارتفاع تكاليف التشغيل مقابل الصيانة وذلك بالنسبة للجوء للمرشحات الرملية [82].

ولاية البحر الاحمر

اما بالنسبة لولاية البحر الاحمر فقد كشفت الدرسات ان سكانها يتحصلون على اقل من الحصة المقررة عالميّا لاستهلاك الفرد وهو اقل من (1. لتر)يومياً

5[81]) محمد خير صالح وبيتر جاليوث (2002م) المياه استراتيجيا وإداريا فى الولايات الجنوبية. مؤتمر مياه الشرب. الخرطوم.

[82] على خضر وآخرون(2002م) ورقة الولاية الشمالية –(م س ذ) ص 215- 217

للاستخدمات المختلفة مما تمخض عنه هروب المستثمرين وهجرة معظم القطاع المنتج اى مواقع اخرى وخارج البلاد. كل ذلك اثّر سلباً على البنية الاقتصادية وادى الى إغلاق العديد من المصانع مثل مصنع النسيج والاطارات وبعض معاصر الزيوت بجانب عدم القدرة على تموين السفن بالمياه ونجد ان الشبكة الموجودة فى الولاية مهترئة تماماً وهى تعود الى اكثر من 7.عامًا وقد تم تقديم دعم مالى وفنى لانشاء خزان اربعات وكذلك انشاء محطة تحلية وهو مجرد حل اسعافى.[83] وبالطبع فإن ما قُدم عبارة عن ذرة فى محيط (فبورتسودان)وولاية البحر الاحمر ككل ثِقل اقتصادى قائم بذاته وهاهو يفتقر الى اهم مورد للتنمية وهو المياه النقية والمستقرة.

ولاية الجزيرة

يتمتع حوالى 8. % من السكان بالمياه النقية وتحتاج الولاية الى مليار جنيه سنويا لمدة ثلاث سنوات لتوفير مياه الشرب لكل مواطنى الولاية. يوجد معمل واحد (بود مدنى)يقوم بتحليل المياه يومياً واذا ما اُكتشف اى تلوث يتم ايقاف ضخ المياه من المصدر وعمل المعالجات اللازمة وحالياً فإن الولاية لا تواجه اى تلوث فى مياه الشرب[84]. ومما ذكر نستنتج أن مياه الشرب فى السودان بصورة عامة تعانى من التلوث الذى يؤدى بصورة مباشرة الى تفشى الامراض المرتبطة بالمياه وذلك لعدة عوامل تضافرت معاً او عملت منفردة. ومن اهم هذه العوامل فى اعتقادنا إنعدام الوعى الصحى للمواطن السودانى فالسواد الاعظم من الشعب يفتقر الى ابسط مقومات حياه بيئة وصحية كريمة.

[83]) محمد الامين كباشى (2002م) ورقة البحر الاحمر – (م س ذ) ص 223- 224

[84]احمد محمد آدم (2002م) إستخدمات المياه وتكلفة المياه (م س ذ) ص 275- 158

ان توفر الوعى كفيل بان يجعل المواطن يطالب بابسط حقوقه وهو الحصول على ماء نقى وصرف صحى جيد بالتالى فهو يحرص على صحته من خلال النظافة الشخصية وإتباع الارشادات التى تضمن وصول الماء الجيد الذى يوفر تكاليف علاج هو فى غنى عن صرفها كذلك فالوعى يوفر على الدولة تكاليف هى فى غنى عنها (معالجة. علاج... الخ. كذلك فإن انعدام الكادر المؤهل وارتفاع تكاليف مدخلات الانتاج لإنشاء محطات تنقية او ترميم التالف تعتبر قضية قائمة بذاتها. وترتيب الاولويات من سمات المستهلك الرشيد وذلك بإفترض النظرية الاقتصادية والبُنى التحتية الهامة مثل المياه اولى ان يُعاد النظر فيها بصورة جادة وفاعلة فمن المؤسف ان نفتح الباب على مصراعيه للإستثمار ونصدر البترول ونفتتح المصانع ونخصخص الكهرباء وغيرها ونحن نتعاطى مياه ملوثة فالإنسان السودانى الحضرى لايحظى بأكثر من 3.. 35 لتر ماء حسب المواصفات العالمية المطلوبة اما إنسان الريف فلا يجد غير 8. 1. لترات من المياه المطلوبة لنا ولهم الله.

6.تلوث المياه والتنمية في السودان

الماء هو اساس التنمية امر مفروغ منه فالماء مُدخل ان لم يكن دائما اساسى فى جميع المراحل التنموية فهو موجود بشكل ثانوى فى احيان قليلة واذا كانت التنمية هى العملية التى يتم عبرها إنتقال إقتصاد وطنى معين من مستوى ادنى نسبى الى مستوى اعلى نسبى بصورة اردية ومستهدفة تؤدى الى زيادة المتغيرات الاقتصادية الكمية والتغيرات النوعية الحضارية وكذلك فى خلال فترة زمنية معلومة [85]. والتنمية تكون فى شتى نواحى الحياة الاقتصادية والصحية

[85] عثمان السيد(2004م) محاضرات غير منشورة فى ادارة التنمية – برنامج ماجستر التنمية الاقتصادية – جامعة النيلين 0

والانسانية والتعليمية... الخ. وفى هذه الجزئية يتم مناقشة بعض الجوانب التنموية واثرها على التلوث المائى.وللماء دور اساسى فى كل العمليات التنموية ما فى ذلك من شك. والماء مدخل مهم من مدخلات الانتاج خصوصا فى العمليات الزراعية الصناعية. الطاقة. البيئية.. الخ.كما أنه مُدخل يمتاز بإنعدام البدائل له فبرغم انه متجدد الا انه مُهدد بالاستنزاف والنضوب والحروب القادمة ستكون من اجله. وعكف العلماء على محاولة ايجاد البدائل لمصادر الانتاج الاخرى مثل البترول الذى يتوقع ان ينفذ وحاولوا إستبداله بالطاقة الشمسية ومازالت الدراسات مستمرة من اجل استخدام طاقة النتروجين كبديل للبترول ووجُد ان النتروجين يوجد بصورة اكبر فى الماء [86]. حتى اللحوم يحاولون استبدالها بما يسمى بلحوم الخميرة وقد يصير الغذاء يوماً مجرد معجون يحتوى على كافة ما يحتاجه الجسم البشرى من مواد [87]. ولكن حتى الآن لم نسمع بمحاولة ايجاد بديل للماء.

الزراعة وتلوث المياه

يعُرف السودان على نطاق واسع من العالم على انه قطر زراعى وقد صُنفت ثلث مساحته البالغة 6.. مليون فدان كاراضى صالحة للزراعة. وللزراعة دورها الفاعل فى الناتج القومى وتساهم بحوالى 4. % من الناتج القومى [88]. ما يهمنا فى الامر ان الزراعة هى اكبر مستهلك للمياه فى العالم حيث تستهلك 69% من الماء رغم اختلاف نسبة الاستخدمات الفعلية حسب الاوضاع

---

[86] مجلة العربى (يناير 2004م) هل ينقذ الهيدوجين العالم (محمد الدنيا) العدد542 ص- 173-174

[87] مجلة العربى (ابريل 2004م) لحوم الخميرة آتية (د فوزى عبد القادر) العدد 545 ص 150

[88] سليمان احمد السيد (1999م) الزراعة وتحديات العولمة سلسلة الدراسات الاستراتيجية مطبعة الادرة العامة للارشاد الزراعى.

السائدة فى الدولة. الا أن القطاع الزراعى يستحوذ على 89% من الاستخدمات و6% للقطاع السكنى و5% للصناعة فى العالم العربى. وهذا لا يعنى ان الاولوية للزراعة ولكن يشير الى مدى الاعتماد على الماء لضمان قيامها على اُسس اقتصادية. ويمثل القطاع المروى جزء هام القطاع الزراعى ويساهم بنسبة 5. % من جملة الانتاج الزراعى الكلى فى السودان وتستهلك الزراعة المروية 9. % من الاستهلاك السنوى تاركة 1. % فقط للاغراض الاخرى وهنا نجد ان الماء وليس الارض هى العامل المحدد الرئيسى لزيادة الرقعة الزراعية [89]. وفى مقال بعنوان " الزراعة متهمة"اُصدرت وثيقة فى مركز ابحاث البيئة والمجتمع بواسطة فريق من الباحثين الانجليز ادانوا فيها الزراعة وذكروا ان الزراعة تمدنا بالطعام هذا مفروغ منه ولكنها ذات ارتباطات وثيقة بالاقتصاديات والانظمة البيئة على لمستويات المحلية والاقليمة والكونية ولها تأثيراتها الايجابية والسلبية على تلك الانظمة وانها وراء الكثير من المشاكل البيئية مثل نحات التربة وتناقص التنوع الاحيائى وتسمم الانهار بالمواد الكيميائية وتسهم بشكل او بآخر فى رفع درجة حرارة المناخ فى العالم لذا فمن الضرورة بمكان اعادة النظر فى اسس السياسة الزراعية. هذا علما بأن مرفق مياه الشرب يتحمل سنويا اكثر من 214 مليون جنيه استرلينى لتنقية مياه الشرب من بقايا كميات المبيدات الحشرية المستخدمة فى الزراعة وللتخلص من الزيادة فى مستوى املاح النترات الناتجة من الاستخدام المفرط للمخصبات الزراعية فضلا عن الكائنات الدقيقة[90] ونأتى الى لُب الموضوع ما علاقة الزراعة بتلوث المياه؟ نجد ان الاجابة تكمن فيما ذكر سابقا (مبيدات. مخصبات). وكما هو معلوم فإن السودان لم يرتاد مجال تصنيع

---

[89] مؤتمر دراسة تطوير تشريعات وقوانين استخدام وتنمية الموارد االمائية (يونيو 2000م) المنظمة العربية للتنمية الزراعية – جامعة الدول العربية – الخرطوم ص 12- 14 0

[90] مجلة العربى(مايو2000م) الزراعة متهمة – العدد 498 0

الاسمدة بعد واقيم مصنع وحيد فى الخرطوم لانتاج سماد اليوريا عام (1982م) الا ان المشاكل المالية والفنية حالت دون تشغيله. ويعتبر القطن من اكثر المحاصيل استهلاكا للمبيدات اذ يقدر استهلاكه باكثر من 6. % من جملة المبيدات التى تصل البلاد يليه القمح وقصب السكر[91].

المبيدات التالفة

ان هذه المشكلة من اكثر مشاكل تلوث البيئة وقد ظهرت فى السودان عقب التعرف على خطر مبيد ال(DDT)على الزراعة االسودانية عام (198. م) وتم إيقاف استخدامه فى الجزيرة فى (1981م) ولكنه مازال يستخدم فى بعض المناطق الاخرى وقد قدرت دراسة قام بها البنك الدولى ان كمية المبيدات التالفة وغير امرغوب فى استعمالها فى السودان باكثر من 15.. طن 3. %منها كانت (DDT) وذلك فى خمس مؤسسات زراعية فقط فمشروع الجزيرة اكبر تلك المشاريع تخلص من5.. طن عام (1987م) بدفنها فى مساحة واحد هكتار تقريبا غرب الحصاحيصا وعلى بعد واحد كيلو متر من النيل لازرق وسميت (مقبرة المبيدات) وكان 5. % منها (DDT) و2. % مبيد الحشائش وترتب على ذلك آثار صحية خطيرة على المواطنين.

وبصورة عامة فقد تسببت المبيدات فى ابادة الكثير من الطيور مثل (weaver birds) وظهر اثر المبيد فى لبن الامهات بمنطقة حلفا[92] بجانب فشل إنتاجية الكثير من النباتات وهذا يشمل المحاصيل وحتى القطن لم يسلم من هذه المخاطر والتى اميزها ماحدث فى عام (1951م) عندما عاد الانتاج

[91] الندوة القومية حول إستخدام الاسمدة (1997م) جامعة الدول العربية للتنمية الزراعية (مسقط – سلطنة عمان الخرطوم ص 110

[92] مقابلة – عثمان ميرغنى – الدارسات البيئية – جامعة الخرطوم

الى مستواه الاصلى اى ماقبل إستخدام المبيد وحينها بدأت اول المظاهر السلبية للمبيدات[93]. هذا بجانب التسمم الذى حدث للاسماك فى منطقة (سقالة ابو حشيش) عام (199. م) نتاج لغسل البراميل فى البحر. ومازال السؤال معلقا حول الآثار السالبة المستقبيلة لتلوث التربة بواسطة عمليات الدفن التى تمت فى (الحصاحيصا) وهل تلوثت المياه الجوفية أم لا ؟ (وبالطبع لن يكتشف الامر ما لم تحدث كارثة). وفى حادثة تسمم واحدة فى منطقة (بربر) توفى 29 شخص عام (1991م). كما ان هناك كميات تسربت من مبيد (التيلمك) السام من مشروع الجزيرة الى مزارع الخرطوم وتوفى شخص وتسمم آخرون. وقد تدهورت الثروة السمكية بقنوات الرى فى الجزيرة بسبب تلوث المياه بالمبيدات مما تمخض عنه حرمان سكان المنطقة من مصدر للبروتين بطريقة اجود وارخص. كما تسببت المبيدات ايضا فى تساقط اوراق الاشجار واوراق القطن.[94] وفى دراسة اُجريت فى مناطق زراعة السكر اكتشفت ان المياه التى يستخدمها المبحوثين من الترع بنسبة 35%علماً بأن 33% من مياه الترع هى فائض رى القصب والذى يكون مشبع بالمبيدات والاسمدة.[95]

من هنا نستنتج الاتى :

ان الآثار الاقتصادية لتلوث المياه بواسطة المبيدات تتمثل فى التأثيرالمباشر على صحة الانسان وتقليل انتاجيته والتقليل من انتاجية المحاصيل و الثروات

-A.M Abdullah & M.E.T Ali (1979) RESIDUES OF ORGANOCH - G.A Elzorgani [93]
LORINE INSECTICIEBS IN FISHES IN LAKE NUBIA (Work Paper) Khartoum P.14.

[94] د عيسى محمد عبد اللطيف (م س ذ ص) 37 – 38

[95] ابراهيم آدم جمعة (يونيو 2000م) الآثار الاقتصادية والاجتماعية لتركز صناعة السكر بولاية النيل الابيض – بحث مقدم لنيل درجة الماجستير فى الجغرافيا - جامعة الخرطوم – كلية التربية

الغابية والقضاء على الثروة السمكية والتنوع الاحيائى وتكاليف استيراد انواع جديدة من المبيد للسلالات المقاومة[96]. ومن خلال الدراسات اتضح ان إحتياجات السودان من الاسمدة الكيمائية سترتفع الى نسبة عالية جداً تعد باكثر من حوالى مائة ألف طن مترى مادة سماد وستزداد هذه الكميات خاصة اذا تم تسميد كل المحاصيل الهامة وقد اثبتت الدرسات ان النباتات لا تستهلك اكثرمن 3. % من الاسمدة النيتروجينية والفوسفاتية وتتحرك ال7. %المتبقية مع مياه الصرف الزراعى مما يهدد البيئة المحيطة اذا لم تخضع لمعالجات[97] هذا علماً بأن دول العالم االثالث تستخدم انواع من المبيدات محظور استخدامها فى الدول المنتجة نفسها وذلك للجهل بمدى خطورتها وعلى سبيل المثال فإن 3. % مما صدرته الولايات المتحدة سنة (1976م) محظور فى الولايات المتحدة نفسها.وعلى مستوى العالم يصاب يومياً حوالى 70 ألف شخص نتيجة للتسمم بالمبيدات[98]. النفايات الصناعية تمثل اكبر مشاكل الصناعة على النطاق العالمى وهناك قائمة طويلة من الحوادث والدروس القاسية الناشئة من عدم التخلص السليم من النفايات الصناعية[99]. وهناك نوعان رئيسيان من التلوث ناتجان من الممارسات الصناعية هما تلوث الهواء وتلوث الماء[100].

[96] الدليل المبسط لتشريعات حماية البيئة والصحة فى مصر "كيفية الاستناد عليها " (1996م) جمعية اصدقاء البيئة - الاسكندرية.

[97]) الندوة القومية حول استخدام المبيدات (م س ذ)

[98]الدليل المبسط لتشريعات حماية البيئة والصحة فى مصر "كيفية الاستناد عليها " (1996م) جمعية اصدقاء البيئة - الاسكندرية.

[99]) د عيسى محمد عبد اللطيف (م س ذ) ص 100

[100] عبد الرحمن محمد (1997م) علم النفس البيئ – منشأة المعارف - الاسكندرية ص 197

المياه وإستخداماتها فى الصناعة

إن فهم طبيعة الماء المستخدمة فى الصناعة من الاهمية بمكان لأن ذلك من شأنه أن يؤثر على :

- الخطط المستقبلية (Future Water Planning).
- التنمية (Development).
- الإدارة (Management).

وبصورة عامة هناك بعض الإعتبارات التى يجب ان تؤخذ فى الحسبان مثل :

- إمكانية احلال عناصر اساسية لنظام استخدامات المياه.

- العلاقة بين المياه ومدخلات الانتاج الاخرى فى مراحل الانتاج المتعددة.

- التغيرات التكنولجية وتأثيرها على استخدمات المياه فى الصناعة.

ونجد ان الصناعة الكيميائية هى اكثر انواع الصناعات استخدامًا للمياه بطريقة معقدة مما ينتج عنه اكثر من نوع من المخلفات وبالطبع فإن مجموع تكلفة المياه المستخدمة لا تظهر من جملة مجموع تكاليف الانتاج من الاستخدمات الثقيلة للمياه او المخلفات المائية للصناعة وهذا إن دلَّ فانما يدل على مدى إرتباط الماء بالعوامل الاخرى بمعنى آخر فإنه لايمكننا تحليل هذا الاستخدام ما لم يتم الرجوع الى العوامل الانتاجية التى تسهم فى عملية الانتاج.و تعتمد النتائج المستخلصة من الوحدات الانتاجية على ثلاثة عوامل ابتدائية هي إستخدام المواد الخام والخلط النهائى للمنتج وعمليات الانتاج المستخدمة. ونجد ان هناك عدة طرق لمعالجة النفايات الصناعية منها الكيميائية والميكانكية

والاحيائية والتى تخفف من عبء المخلفات النهائية. وقد اوجد بديل لهذه الطرق وهو الاستجابة للضرائب لضبط المخلفات وتحتوى على إسترداد مدخلات الانتاج وتعديل العمليات الانتاجية وإعادة معالجة المياه ووفصل نتائج عبء النفايات عن عمليات الانتاج والنفايات النهائية هى جوهر عملية المعرفة للآثار الناتجة عن مختلف العوامل المرتبطة بالعملية الانتاجية وبالتالى قياس آثار المعالجة.

تكلفة استخدام المياه فى الصناعة تشمل على تكاليف التشغيل والمعالجة بجانب المياه المتسربة والمتبخرة هذه التكاليف تستلزم الدفع من جهات معينة مثل الممولين والمشغلين والمنفقين وكذلك من التكاليف الاحلالية للمصنع... الخ. بجانب ذلك تشتمل التكاليف على الانابيب الموصلة للمياه والصمامات وغيرها من الالات التى تستخدم فى الاستفادة من المياه. وهناك مشكلة تواجه إستخدام المياه فى الصناعة وهى مدى توفر ودقة واتاحة البيانات وهى تتضمن كميتها ونوعيتها و مدى ارتباطها بعوامل الإنتاج الاخرى. على سبيل المثال فإن استرداد مدحلات الانتاج دالة فى تركيز التلوث ومدخلاته وحجم االتشغيل وهذا يحتاج الى بيانات دقيقة. كما ان الادخار من تكلفة التخلص من المخلفات تحتوى على تكلفة عبء النفايات ويجب ان تكافئ تكاليف إعادة الاستخدام. وكل هذه التكاليف يجب ان تتوافق مع زيادة الارباح ومجموع الطلب على المياه. كما انه من المعلوم ان التقنيات المتقدمة خاصة فى الدول المتقدمة قد ساعدت على تقليل كمية المياه المستخدمة فى الصناعة.

علماً بأن هذه الدول تتخلص من نفاياتها في الاحواض الراكدة والبحيرات المالحة وباستخدام نظام الرش أو بالتخلص عن طريق الدفن. ولكل من هذه الطرق نتائجها على إستهلاك المياه فى عمليات الانتاج ومن البدهى ان طريقة

الدفن لاتسمح باعادة استهلاك المياه. وبصورة عامة فإن عبء تكلفة المنفعة من المياه يتطلب حساب :

كمية المياه المتسربة وإستهلاك المياه وكمية المخلفات والنفايات.

والمعادلة ادناه توضح ما سبق :

Water utilization charge =F (Q.C.QE. WE)

حيث ان :

Q =1 C = 2 QE = 3 QE = 4

ويجب ان نؤكد على ان الخطط التى لاتضع فى إعتباراتها الاستخدمات الصناعية للمياه وعلاقتها بتكلفة المياه وضبط المخلفات والتغيرات التكنولجية تكشف عن تخصيص غيركفوء للموارد المائية العامة فى ا لتمية.

ونجد ان هناك مشكلتان اساسيتان فى تدفق النفايات : طبيعة ومكونات النفايات المنتجة سائلة ام صلبة ام غازية ونتائج وحدات الانتاج وهذه تحددها 3 عوامل : 1) المواد الخام المستخدمة ، 2) الخليط النهائي للمنتج و3) طريقة التصنيع المستخدمة[101]. ومما تقدم تتضح حقيقة ان المياه المستخدمة فى الصناعة مُدخل أساسى من مدخلات الإنتاج وانه لابد من وجود مخلفات لها تكاليفها التى يجب أن تُوضع فى الحسبان وتساوى بتكاليف عناصر الانتاج الاخرى.وقد عرف السودان الصناعة فى اواخر القرن الماضى تحديداً بقيام محالج القطن فى (196. م) تلتها صناعة السكر بمصنع الجنيد فى العام الذى يليه

[101] Water Research Published for Resources of Future (2004). Baltimore and London Press.

وهناك ايضا الصناعات اليدوية (Handcraft) مثل الخشب والجلود والعاج والصناعة فى السودان بصورة عامة لا تلعب دور كبير فى الاقتصاد وتساهم باقل من 12% من الناتج القومى الاجمالى (GNP). وتعانى الصناعة بصورة عامة من ضعف البنيات الاساسية وعدم تأهيل القوى العاملة وشح العملات الاجنبية وهى اساسية للمدخلات[102] الوسيطة واغلب الصناعات فى السودان توجد فى المدن ماعدا الصناعات التى تقوم على اساس توفر مورد الانتاج فى المنطقة كصناعتى السكر والنسيج على سبيل المثال. وتوجد الصناعات فى الخرطوم والخرطوم جنوب وامدرمان وبورتسودان ومارنجان والجديد الثورة.ووفقاً لتقارير (UNDP) بعد اجراء مسح صناعى فى عامى (1981. 1982م) فهناك 6759مصنع فى السودان صُنف منها 6412 على انها صناعات صغيرة.

المصانع وتلوث المياه

توجد معظم المصانع على شواطئ النيل وروافده وذلك لأهمية المياه فى عملية الصناعة ولاستغلال مجارى المياه للتخلص من الفضلات الصناعية مما يؤثر سلباً علي مياه الشرب والحياة المائية وإنتاجية الارض. وإذا بدأنا بصناعة السكر وتوجد بالسودان خمسة مصانع تقوم جميعها بالقرب من النيل وروافده وذلك لسهولة الحصول على الماء لرى القصب وتحتوى الفضلات الصناعية السائلة الناتجة من صناعة على كميات كبيرة من المواد العضوية التى تجد طريقها دونما معالجة لمياه النيل. كما أن مخلفات صناعة الجلود تنتج كميات كبيرة من الاكسجين لكى يتم تحليلها لمواد غير عضوية اضافة لاحتوائها على مواد سامة مثل (السلفايد) كل هذه الفضلات تجد طريقها الى الموارد المائية دونما معالجة

[102] Industrial Area in Omdrman - Water Liquid Waste Assement (2003).

او معالجة جزئية فى بعض الاحيان. أما مخلفات صناعة النسيج والتى تكون عادة مصحوبة بكميات كبيرة من المواد الكيمائية الناتجة عن عملية صبغ الاقمشة فتُطرح دون معالجة فى الموارد المائية اوعند مواقع فى احواض الاكسدة وهذا بدوره كفيل بتلويث الموارد المائية والجوفية وكذلك الحال فى كلٍ من صناعة الاطارات فى "بورتسودان " وصناعة المطهرات والزيوت والاغذية. هذا اضافة الى محطات الطاقة التى ترمى بفضلاتها الساخنة المصحوبة فى بعض الاحيان بكميات كبيرة من الزيوت فى المورد المائى مما يُؤدى الى إنخفاض كمية الاكسجين المذاب فى الماء ومن ثم موت الكائنات الحية. واذا اخذنا منطقتى (بحرى. امدرمان) بشئ من التفصيل نجد ان منطقة بحرى تقوم بها 6 منشأة صناعية فى مختلف الصناعات ويكمن الخطر فى ان هناك عدد محدود يتصل عبر شبكة التصريف بمحطة معالجات المخلفات (الحاج يوسف)[103] أما بقية المصانع فتتخلص من نفاياتها اما بانشاء احواض معاجة ومنها الى آبار تصريف بإنشاء احواض معالجة ومنها الى آبار تصريف داخل المصنع حيث نجد ان عدم توفر رقابة قانونية على عمقآبار التصريف يشكل خطراً يهُدد المياه الجوفية بالتلوث وهذا الأثر قد لايظهر فى المدى القريب فالصعوبة فى إكتشاف مدى تلوث المياه الجوفية تكمن فى ان االمواد الكيمايئة تأخذ فترة زمنية طويلة حتى تظهر آثارها على الانسان. وفى منطقة الخرطوم على سبيل المثال نجد ان مصنع (الذخيرة) فى منطقة الشجرة يعمل على تصنيع الذخيرة التى يدخل فيها عنصر الرصاص ويتم التخلص من هذه المخلفات فى بئر سطحى داخل الموقع وعلى مسافة قريبة جداً منه نجد بئر حوض يستخدم للشرب وهنا نجد نوعان من التلوث المائى تلوث ناتج عن الامونيا وذلك بواسطة

---

[103] مصطفى حياتى (1998م)

الفضلات الانسانية وآخر ناتج عن الرصاص وهو عنصر سام[104]. أما فى منطقة "امدرمان" فهناك 171 مصنع يختص بالصناعات الغذائية (2.. 1.2.. 2م) هذا بجانب الصناعات الكيمائية وهناك غياب كامل لنظام ضبط النفايات فى منطقة امدرمان مما يشجع على غياب وانعدام الضبط الشخصى لتدفق النفايات فالمصانع الموجودة لاتنفذ نظام المعالجات وتُعتبر مدابغ الجلود هى الاشد خطراً على عناصر البيئة وقد تأذت منها التربة والهواء والماء. اما صناعة المشروبات الغازية فتتخلص من نفاياتها فى مناطق مفتوحة ووجد ان هناك علاقة ارتباط قوية بين الامراض المستوطنة وفترة العمل. اما مصانع الصابون والجلسرين فتنتج نوعين من المخلفات صلبة (Soiled Waste) وقد يحدث لها اعادة إستخدام او تجمع وتفرغ فى الارض اما المخلفات المائية فتُسحب بواسطة (التناكر) وتفُرغ فى الارض هذا بجانب ان مصانع الصابون تفرغ نفاياتها فى حوض بالقرب من المناطق السكنية ويقوم السكان باستخدامه. ويتضح انه لاتوجد ادارة كفوءة للنفايات الصناعية او حتى نظام لتخفيضها او اعادة استخدامها. اما عن محطة صرف الصناعى (بسوبا) فقد قامت الدولة برفع الدعم عنها وامست تعمل بواسطة المشاريع الخاصة ولم تعد هى الجهة المنوط بها سؤال أو توجيه اصحاب المصانع عن اين يفرغون مخلفاتهم او كيف يتخلصون منها ؟ والادهى والامر من ذلك ان هناك نفر من اصحاب (التناكر) يقتنصون فرصة غياب الرقابة ويرمون بالنفايات فى النيل مباشرة. ومحطة (سوبا) تعالج معالجة طبيعية بواسطة احواض عُرضة لان يشرب منها الحيوان او الانسان كما انها يمكن ان تكون مرباً لتوالد الحشرات الضارة. اما منطقة الحزام الاخضر فقد ثبت انها تعانى فعلا من التلوث والذى يجب ان يخضع

---

[104] امل الفاضل (1999) تلوث المياه الجوفية فى ولاية الخرطوم – بكالريوس هندسة مدنية – جامعة الخرطوم ص 65- 66

للدراسات والمعالجة[105]. من كل ما ذكر نصل الى حقيقة مفادها ان المصانع لها دورها الواضح والمحسوس فى تلوث المياه بصورة خاصة وتلوث البيئة بصورة عامة. هذا بجانب غياب الوعى الصحى والبيئي سواء لاصحاب المصانع او المنوطين بالامر ومن جهة أخرى هناك تكاليف كثيرة غير محسوبة سواء للاستخدمات الصناعية للمياه الملوثة وتكاليف المعالجة او اعادة الاستخدام وبالرغم من صعوبة اعادة الاستخدام فى المياه الصناعية وذلك لاحتوائها على مواد سامة وتحتاج الى تكاليف باهظة الا ان الدول الصناعية تستفيد من كل (متر 3) من الماء 7 مرات قبل التخلص منه لحسن الحظ نحن فى السودان فى غير الحاجة إلى هذه التقنية المكلفة ولكننا بحوجة اكثر الى مزيد من الوعى والادراك لخطورة الموقف ومعالجته قبل أن يتفاقم بصورة اكبر[106].

الآثار الاقتصادية لتلوث المياه بواسطة الصناعة

ان الاثار مباشرة على جميع الانشطة والقطاعات الاقتصادية خاصة العمال والسكان الأقرب من مناطق الصناعة ونجد ان هناك تكاليف غير محسوبة يجب وضعها فى الاعتبار هذا بجانب تكاليف العلاج للامراض المرتبطة بالتلوث المائى والتى اسبابها ترجع الى الصناعة فى المقام الاول. ولا يفوتنا أن نذكر ان هناك محاولة للملائمة مابين البيئة والصناعة وذلك من خلال ما اُطلق عليه(النظام الصناعى الايكولجى) إشارة الى الخضرة أو الحياة ويتبنى هذا النظام مبدأ الاستخدام الامثل للطاقة والموارد والتقليل من حدة تولد

---

[105] مقابلة مع عبلة عبد العظيم. مركز المختبرات الانشائية والبيئة. وزارة التخطيط العمرانى – يوليو 2004

[106] كمال الدين محمد عثمان (2002م) ورقة عمل : مشكلة تهديد الموارد الطبيعية والمتجددة فى السودان.

النفايات.[107]

تلوث المياه والصحة والاقتصاد

تعتبر الصحة احد ركائز ا تنمية البشرية بجانب التعليم لانه لايمكن الاستفادة من القدرات العلمية والمهارات الفنية فى ظل وجود امراض تهدد وتعيق تقدم النشاط الاقتصادى للفرلهذا يحُـد من المشاركة فى ا لتنمية الاقتصادية والاجتماعية للدول والصحة هى" حالة من السواء البدنى والذهنى والاجتماعى كما عرفتها منظمة الصحة العالمية"[108] .وتعتبر مُؤشر إقتصادى هام به يعرف مدى تقدم الدولة وتأخرها وبما أن الانسان هو الهدف الاساسى من ا لتنمية فمن بلب أولى ان يتمتع باجواء صحية ملائمة حتى يستطيع ان ينجز وينتج ويستهلك ويمارس حياته بمعدل رفاهية معتدل على الاقل. وتلوث الماء والامراض هو الذى يعتبر مصدراً للاضرار الصحية نتيجة لاختلاطه بمخلفات الانسان والحيوان او المركبات الكيمائية. و قد اثبت تقرير لمنظمة الصحة العالمية ان 1. % من الامراض التى يعانى منها سكان العالم تعود إلى نقص الماء الكافى او عدم كفاية الموافق الصحية ومايترتب على شرب الماء الملوث او التى تؤوى ناقلات الامراض بالاضافة الي الأمراض التى تنج عن عدم الاغتسال. أمراض تحملها المياه وتنتقل عن طريق شرب ماء ملوث او إستخدام الماء الملوث فى غسل الطعام أو الأوانى أو اليدين أو الوجه مثل التيفويد والكوليرا والدسنتاريا والاسهال والتهاب الكبد الوبائى والسرطانات وتشويه الاجنة. وهناك أمراض قاعدتها الماء اى حاملاتها كائنات مائية لا فقارية مثل(البلهارسيا

[107]www.Btoota.com

[108] صحة افضل للنساء والاطفال من خلال تنظيم الاسرة(اكتوبر 1987م) - تقرير حول المؤتمر الدولى المنعقد بنيروبى.

والدودة الشريطية). أمراض تنقلها حشرات ذات صلة بالماء مثل الملاريا. الفلاريا مرض الفيل والحمى الصفراء والعمى النهرى ومرض النوم.هذا علماً بأن الاسهال والذى قد ينتج عن تناول ماء ملوث يتسبب فى موت ستة ملايين طفل سنوياً فى البلدان النامية بجانب وفاة 18 مليون آخرين[109]. والانسان السودانى يعانى من امراض المياه والامراض المرتبطة بها خاصة فى المناطق الانتاجية فقد عانى إنسان الجزيرة على وجه الخصوص من البلهارسيا والملاريا والدسنتاريا..الخ ردحاً من الزمن ومازال يعانى. كما ان التحليل البكتيرى لمنطقة (الشجرة. ود عجيب. الرياض) كشف عن وجود بكتريا "الاشريشيا كولاى) وهى احد انواع البكتريا القولونية والتى تدل على أن هناك تلوث خطير بواسطة الفضلات الانسانية[110]. كما أوضحت الدراسات ان المبحوثين فى صناعة السكر بمنطقة النيل الابيض يعانون من امراض معظمها يرجع الى تدنى صحة البيئة وكانت بنسبة 75% ملاريا 25% بلهارسيا و 18% أمراض أخرى[111] علماً بأن ما ذكر امثلة وليس حصراً.

والجدول رقم (3) يبين بعض الحالات وفق العيادات الخارجية.

السنة	1985	1986	1987
ملاريا	3205706	352627	3878903
تايفويد	984	1082	2190
بلهارسيا	99749	109723	120695

[109] عبد المنعم بليغ (1987م) الماء ودوره فى التنمية - دار المطبوعات اجديدة – قسم الاراضى والمياه جامعة الاسكندرية ص 76- 80

[110] عيسى محمد عبد اللطيف (م س ذ) ص 36

[111] إبراهيم آدم جمعة (م س ذ) ص 66

دستاريا	1839329	2023261	2225587

المصدر: بكرى عثمان محمد. ورشة عمل بعنوان صحة البيئة لتطوير المجتمعات الريفية والحضرية وزارة الصحة الاتحادية (1988م) ص13

الصحة والاقتصاد

يعتبر المرض دالة فى (الدخل. الفقر. العوامل الاجتماعية والبيئية) والاخيرة تمثل الجوانب غير المحسوبة وتاخذ صفة المتغيرات الغير منتظمة (Random Variables)وزيادة المستوى الصحى تؤثر ايجاباً على استهلاك وإنتاج الفرد وبالتالى زيادة االخدمات الصحية تزيد الصحة وتساهم فى زيادة مشاركة قطاع الانتاج والاستهلاك فى الاقتصاد. فالصحة الجيدة تساهم فى إرتفاع الطاقة الانتاجية للاقتصاد عن طريق زيادة ساعات العمل اضافة الى تحسين هذه الانتاجية. ومن هذا المنطلق فإن ارتفاع المستوى الصحى يمكن تخفيض وقت العمل وزيادة الانتاج فى نفس الوقت وعلى هذا الاساس يمكن قياس أثر تحسن الحالة الصحية على زيادة الانتاج والاستثمارات فى البرامج الهادفة التى توسع الخدمات االصحية لما لها من أهمية على راس المال البشرى كماً ونوعا[112]. وإستناداً على القرارات الاستثمارية فإن أى مشروع (زراعى. صناعى. صحى) يعتمد على مفهوم القيمة الحالية لتيار الدخل المستقبلى ويقصد به حساب العوائد المتوقعة و تقيمها فى الحاضر ويقوم ذلك على حساب التكاليف الكلية والعوائد فى فترة زمنية محددة بجانب سعر الفائدة او الخصم المناسب ويتطلب الأمر حساب جوانب أخرى هى اثر التضخم والخطر وعدم التأكل وتوزيع المنافع والمخفيات. هذه الطريقة تكتنفها عقبات أهمها عدم توفر المعلومات

[112] توفيق أحمد الجاك – (يونيو2002م) بحث بعنوان إقتصاديات الصحة – ماجستير تنمية إقتصادية – جامعة النيلين ص 55

امطلوبة لتوزيع المنافع. وما يهمنا من كل هذا هو ان طريقة المنافع والتكاليف هذه اذا اُستخدمت فى الحقل الصحى فإن تكلفة المرض الكلية تستخدم كمقياس للمنفعة المشتقة من منع أو ابادة المرض. أما فيما يختص بالتكاليف فانها تتكون من ثلاث عناصر هى :

1- الخسائر الانتاجية.

2- المنصرفات على الخدمات الطبية

3- الالم وعدم الراحة والمعاناة المصاحبة للمرض كما ان المنصرفات تشمل (فاتورة الطبيب + تكلفة العقاقير) وهى التكاليف المباشرة هذا بجانب االخسائر الانتاجية وهى عبارة عن فقدان الناتج المرتبط بالمرض والذى يقود الى الموت أو الاعاقة وهى التكاليف غير المباشرة.

وبالنسبة لطريقة المنفعة والتكاليف فإن المقارنة تكون بين الزيادة فى المنصرفات على الخدمات الصحية وبين الانخفاض المتوقع فى التكاليف الحالية. هذا علما بأن اول ما يواجه الدول النامية من مشاكل صحية هو إرتفاع معدل الوفيات خاصة بالنسبة للاطفال[113]. ويعتبر معدل معدل الوفيات دالة فى (دخل الفرد. اسعار الغذاء. مستوى التعليم) كما ان زيادة الدخل تتناسب عكسياً مع معدل الوفيات. إذن فالانفاق على الصحة جانب مهم وهو احد العوامل التى دعت الدول المتقدمة للعمل على إنشاء علم(إقتصاديات الصحة). وبالطبع فى السودان فإن الصورة ليست كاملة الوضوح من حيث حجم الموارد وكيفية صرفها. الا ان تقرير البنك الدولى اوضح ان حجم الانفاق على الصحة فى السودان يعادل 3.1% دولار للفرد أى ما يعادل 0.5%من الدخل القومى

---

[113] سميرة نهار – (2002م)(إقتصاديات الصحة) محاضرات غير منشورة (معهد الدراسات الانمائية) ماجستير إقتصاديات الصحة – جامعة الخرطوم.

وقد سجل إنخفاضاً فى عام (1996م) أى ما يعادل 0.1% وقد حدث اكبر معدل للانخفاض فى الانفاق على الصحة عام (92. 93م) حيث وصل الى ما يعادل 5.4 مليون جنيه وهذا يوضح عدم وضع الصحة فى اولويات سياسة التحرير [114]. واذا فرضنا ان الصحة والخدمات الصحية سلعة فإن سوق السلع والخدمات الصحية يتسم بوجود سياسات تامينية وان الطلب على الخدمات الصحية أو طبيعة الطلب مرتبطة بإحتمالات اوان الرعاية الطبية والتى تتضمن نوعين من الخطر : خطر المرض وخطر التأخر فى الشفاء من المرض. كما ان الخسائر من المرض تعادل جزئياً تكلفة الرعاية الطبية وبمعنى آخر ينتج عن المرض تكاليف الرعاية الطبية وعدم الراحة أو فقدان زمن الانتاج. ومن كل ذلك نستنتج ضرورة إتباع سياسات تأمينية ضد المرض وعدم وجود هذه السياسات تساعد فى فقدان رفاهية الفرد او المجتمع [115]. إذن فالصحة سلعة إقتصادية لها قيمتها الحقيقة فى سوق السلع وأن الامراض المرتبطة بتلوث المياه هى القاعدة الاساسية للمرض فى السودان لذا فقد وجب الاهتمام بصحة المواطن وتدعيم الانفاق على الصحة والذى من شأنه ان يقوم بدعم عجلة الاقتصاد وتقليل نسبة الوفيات و كما قيل (فإن الوقاية خير من العلاج). ويمكننا أن نحمى أنفسنا من امراض المياه بتأمين مصدر ماء كافى ونقى ومعالجة الماء الملوث والتخلص الجيد من القاذورات والفضلات المنزلية والصناعية والزراعية [116]. ويتضح مما تقدم أهمية ربط الصحة والاقتصاد بجانب توفير الخدمات الصحية الدورية وخدمات التوعية والارشاد ووصف الاعراض

---

[114] توفيق أحمد الجاك – (يونيو 2002م) بحث بعنوان إقتصاديات الصحة – ماجستير تنمية إقتصادية – جامعة النيلين ص 10-

[115] سميرة نهار – (2002م) (إقتصاديات الصحة) محاضرات غير منشورة (معهد الدراسات الانمائية) ماجستير إقتصاديات الصحة – جامعة الخرطوم.

[116] خالد محمود عبد اللطيف (1993م) بحث فى تلوث البيئة ممن التلوث المادى والمعنوى – دار الصحوة للنشر والتوزيع ، القاهرة.

للمواطن البسيط وهذا بدوره يدعم المنتج والمستهلك لان امراض المياه فعلاً تشكل مشكلة عن طريق فقد كادر أو اعاقته وإهدار اوقات العمل[117]. بجانب ما يصيب الانتاجية من تعطيل مما يؤثر سلباً على التنمية.

نموذج تلوث المياه وأثره على التنمية الاقتصادية

من أكثر الأمراض ارتباطاً بتلوث المياه هى الاسهالات (Diarrhea)[118]. ومن هذا المنطلق نصيغ نموذج مبسط. وفى البدء نتعرف على آخر التقارير الصادرة من وزارة الصحة وهو تقرير عام 2002 حسب الحالات فى ولاية الخرطوم فقط.

الجدول رقم (4) الآتى يوضح عدد الاصابات حسب المحافظات

المحافظات	عدد الاصابات	المترددين اقل من خمس سنوات	%
الخرطوم	2620	52365	5
جبل أولياء	13546	143678	9.4
امدرمان	2824	42077	6.7
كررى	9220	113429	8.1
امبدة	15870	107232	14.8
بحرى	3904	73156	5.3
شرق النيل	6924	73321	9.4
ريفى شرق النيل	2873	26260	10.9
الولاية	57781	631518	9.1

---

117 سميرة نهار (2002م) إقتصاديات الصحة محاضرات غير منشورة. ماجستير إقتصاديات الصحة – جامعة الخرطوم

118 مجدى ابو حراز - (مقابلة شخصية) وزارة الصحة الاتحادية – مدير قسم إقتصاديات الصحة

المصدر. التقرير الاستراتيجى السنوى. وزارة الصحة الاتحادية. الخرطوم (2002م)

نجد أن اكثر الاصابات فى محافظة (امبدة) حيث ان هناك "15870" حالة بنسبة 14.8% وقد يعزى ذلك إلي أن منطقة امدرمان بصورة عامة تعانى من إهتراء شبكات الصرف الصحى كما أسلفت فى بداية هذا البحث كما ان منطقة " امبدة" بالذات تعانى من هذه المشاكل بجانب مشكلة تلوث مياه الشرب بجانب تمتع إنسان المنطقة بقدر ضئيل من الوعى الصحى والبيئى معاً وهذا مجرد إستنتاج ليس إلا بجانب ذلك يعتبر الاسهال هو احد العشرة امراض المؤدية للوفاة وذلك وفقاً للجدول رقم (5) التالى :

السنة	عدد الاصابات	المترددين %	مج بعد+قبل
2001 م	86	4.4	249
2002م	95	4.4	240

المصدر :التقرير الاستراتيجى السنوى. وزارة الصحة الاتحادية. الخرطوم (2002م) ص12

من الجدول أعلاه نلاحظ أن االنسبة المئوية ثابتة بالرغم من ان الفرق فى عدد المترددين حوالى 9 الف.

كما يعتبر من اكثر عشرة امراض ترددا ً ودخولا ً المستشفيات وبالتالى يحسب ضمن اكثر عشرة امراض مؤدية للوفاة ونسبة الوفيات بسبب الاسهالات لعام (2002م) كما يوضحها الجدول رقم (6) :

الشهر	الاصابات	االوفيات	%
يناير	8349	32	4.7

5.85	37	6445	فبراير
4.52	30	7345	مارس
7.16	78	8508	ابريل
5.72	50	6542	مايو
5.67	54	7332	يونيو
6.69	81	10957	يوليو
7.64	62	11883	اغسطس
12.47	141	13149	سبتمبر
5.74	63	9534	اكتوبر
2.96	19	8154	نوفمبر
4.29	30	8081	ديسمبر
6.39	677	106319	السنوى 2002

المصدر : التقرير الاستراتيجى السنوى. وزارة الصحة الاتحادية. الخرطوم (2.. 2م) ص 81.

نجد ان اكثر الاصابات كانت فى شهر " سبتمبر" وبالتالى فإن معدل الوفيات قد إرتفع الى 12.47% وقد يُعزى ذلك الارتفاع نسبة لنهايات فصل الخريف وما يحد ث فيه من تلوث سواء لمياه الشرب التى تزداد نسبة عكورتها وفقاً لعكورة مياه النيل او لتلوث الطعام بواسطة الحشرات التى تجد مرتعاً خصباً نسبة لوجود المياه الراكدة.

وهنا يمكننا إعتبار أن معدل الوفيات = دالة (فى دخل الفرد + اسعار الغذاء ومستوى التعليم[119].وهكذا نرى وفقاً للجداول التى تم عرضها ان المرض من أخطر الامراض واكثرها إنتشاراً علماً بأن المرض مرتبط فعلاً بتدنى الاوضاع

[119] توفيق أحمد الجاك (2002م) - إقتصاديات الصحة واثرها على التنمية الاقتصادية بحث لنيل درجة الماجستير فى التنمية الاقتصادية

البيئة والصحية التى تسود فى البلدان النامية. وقد يتغيب المريض مابين يوم او سبعة ايام على أسوأ الفروض بمتوسط غياب اربعة أيام. كما أن العلاج قد يكلف مابين 2. 3. الف جنيه فى الحالات العادية والمتوسطة وقد يصل الى أكثر من ذلك فى الحالات المتأخرة ومتوسط التكلفة العلاجية16 الف جنيه[120]. هذا من غير حساب تكاليف الطبيب المعالج والترحيل الى المشفى أو المركز الصحى والمكوث فى المشفى اذا كانت الحالة تستدعى بجانب الخسائر الانتاجية.

نموذج مصنع النسيج اليابانى

بدأ المصنع العمل عام (1962م) بشراكة سودانية يابانية و فى العام (1978م) تحول المصنع الى إدارة سودانية ثم توقف (83. 92) حيث عاد وعمل بعقد إيجار لمدة خمس سنوات قبل أن يتسلمه اصحابه الحاليين فى (1998م) وحتى الآن. ويتكون المصنع من قسمى الغزل والنسيج وكليهما يضم عدة اقسام أخرى.

عدد عمال المصنع (596) عامل يتوزعون على الاقسام والتخصصات المختلفة.

اولاً قسم الغزل :

يتكون من ستة أقسام هى : الخلط. التسريح. السحب الاول. السحب الثانى. البرم. الغزل النهائى.

عدد العمال 61 عامل

[120] رقية أحمد (مقابلة) في صيدلية ود البشير ـ فرع امدرمان.

الانتاج اليومى مابين: 1 طن. 1300طن

متوسط الانتاج اليومى : 1+1300 /2 = 650.25

متوسط إنتاجية العامل فى قسم الغزل = 650/ 61 = 10.655

تقريباً = 11 طن

سعر اطن = 1.650 جنيه

متوسط الانتاج بالجنيهات فى اليوم = 1.650*11= 18.15 جنيه

ثانياً قسم النسيج:

يوجد بالقسم مجموعات مختلفة من العمال وهم (النساجين. عمال البطارية. عمال قسم الصيانة والنظافة) وعددهم 165 عامل

الانتاج اليومى مابين : 20000. 13000 ياردة

متوسط الانتاج اليومى : 16500ياردة

متوسط إنتاجية العامل فى قسم النسيج = 100 ياردة فى اليوم

واذا علمنا أن الثوب يحتوى على 27 ياردة وسعر الثوب 4500 جنيه

متوسط عدد الثياب =611 ثوب

سعر الثياب =4500 *611= 27495000

علماً بأن اعلى اجر 12500 واقل اجر 7000 جنيه

متوسط الاجور: 97500

بمعنى آخر أن متوسط ما يأخذه العامل فى اليوم 300 جنيه

صـافى مـايتبقى للمـصنع بعـد إسـتبعاد مرتبـات العمـال(الغـزل. النـسيج)
274943015= جنيه

الجـدول رقم (7) عدد العمـال المرضى لمـدة سـتة اشهر (2004م) متوسط
الغياب يوم واحد فقط

متوسط القيمة المفقـودة بالجنيهات	متوسـط الانتـاج المفقـود مـن قـسم النسيج	متوسـط الانتاجيـة المفقـودة فى الشهر	متوسـط إنتاجيـة العمـال(قـسم النسيج)	اصابات ايّام الغيـاب للشهر	الشهر /2004
333000	74	2000	20	20	يناير
301500	67	1800	18	18	فبراير
46800	104	2800	28	28	مارس
234000	52	1400	14	14	ابريل
432000	96	2600	26	26	مايو
333000	74	2000	20	20	يونيو

وبالرغم من أن الامر مجرد تقديرات فقط الا اننا نلاحظ حجم الخسائر التى
يتحملها المصنع مما يؤثر سلباً على المعدل النهائى للانتاج حيث بلغت الخسارة
خلال هـذه الشهور السـتة مايعـادل (2101500 جنيه) وهذا بغفتراض أن
العمال المرضى من قسم النسيج.

أكبر إنتاجية مفقودة كانت عند غياب 20 عامل أما العلاقة التي فتوضح أكبر قدر فُقد من الجنيهات كان في شهر (مارس) حيث بلغ عدد العمال الغائبين 28 عامل وهى اكبر نسبة غياب سجـُلت في خلال الستة أشهر وهذا إن دل فإنما يدل على وجود علاقة طردية مابين معدل الغياب ومتوسط عدد الجنيهات المفقودة وقد كان ذلك فى شهر" مارس. كما أن العلاقة ما بين متوسط الإنتاج المفقود ومتوسط الجنيهات المفقودة فنجدها عند 104 وحدة إنتاج حيث ارتفعت نسبة الجنيهات المفقودة إلى 468000 جنيه وكان ذلك أيضاً فى "مارس " مما يدلل على وجود علاقة طردية موجبة ما بين الثلاث متغيرات وهى غياب عدد العمال ومتوسط الإنتاجية المفقودة وعدد الجنيهات المفقودة. ونجد أن الإرتباط بين متوسط الإنتاج المفقود وعدد العمال المرضى الغائبين علا قة قوية حيث تم قبول الفرض البديل وإستبعاد فرض العدم. ويمكن استخلاص مما سبق التالي :

1. أن المصادر المائية بمختلف أنواعها سطحية او جوفية تعانى من التلوث فى السودان.

2. هناك جهل تام ولا مبالاة حقيقة فى التعامل مع قضية تلوث المياه من قبل المواطن السودانى ومن قبل بعض المسئولين حيث يسود الفهم السودانى العامّى (الراعى واعى).

3. رغم وجود قانون منع تلويث موارد المياه إلا أنه لا توجد محاسبة للملوثين أو عقوبات رادعة للمخربين وقد تفاقم الامر بعد خصخصة الجهة المسئولة عن المساءلة.

4. صناعة دباغة الجلود تمثل أكثر الصناعات خطراً على البيئة بمواردها

الثلاث (ماء. هواء. تربة).

5. إنعدام الوعي الصحي والبيئي وعدم الاهتمام بالنظافة الشخصية لدى السواد الاعظم من المواطنين.

6. الامراض الناتجة عن المياه اهم عامل منفرد مسئول عن مرض وموت آلاف الاشخاص.

7. سكان الولاية الجنوبية والبحرالاحمر هم الاكثر معاناة من تلوث وشح المياه.

8. هناك علاقة قوية بين النشاطات الاقتصادية (زراعة. صناعة. بترول) وبين تلوث المياه.

9. عدم إتاحة المعلومات وصعوبة توفرها فالمعلومة في السودان سر عسكري (top secret).

7. التوصيات

1. نشر الوعي الصحي والبيئي على جميع المستويات.

2. وضع ضريبة لتلوث المياه وجزاءت رادعة لإصحاب المصانع الذين لايلتزمون بالطرق العلمية للتخلص من النفايات وكذلك معاقبة كل مواطن يلوث النيل.

3. تقديم دراسات أوفى عن آثار المبيدات للمزراعين والمواطنين ومحاولة الحد من المبيدات الكيميائية وإستبدالها بالنباتية والجدير بالذكر أن هناك دراسات تجرى على نبات النيم ولكنها لم تكتمل حتى الآن.

4. الاهتمام بتقديم دراسات الجدوى البيئة ضمن دراسة الجدوى الاقتصادية لأى منشأة صناعية.

5. محاولة تسعير تكاليف التلوث المائى وإقحامها فى الرقم الاقتصادى.

6. إعادة الاستفادة من مياه الصرف الصحى فى رى الغابات وليس المحاصيل وهناك تجارب ناجحة فى العالم والسودان (مشروع سكر كنانة).

7. عدم خصصة قطاع المياه او الجهات المسئولة عن سلامة المياه إن هذا المورد أمانة فى عنق الدولة.

8. تكوين جهاز أمنى يهتم بسلامة المياه وأمن المواطن من مخاطر تلوثها ومراقبة المخربيين.

9.التركيز على إنسان الولايات الاكثر ضرراً.

10.ترسيخ مبدأ (لا ضرر ولا ضرار) فى نفوس المواطنين عبر وسائل الاعلام المختلفة.

11.العمل على تجديد وتحديث شبكات مياه الشرب.

8. الخاتمة

إن قضية تقديس موارد المياه الحفاظ عليها أزلية فقد كان قدماء المصريين يقدمون القرابين للنيل فى كل عام اما الالمان فقد كانوا يقدمون دمية الى نهر (الراين). قد كان المصرى القديم يسجل حسناته قبل وفاته وكان من ضمنها انه

لم يلوث النيل ابداً. ثم جاء الاسلام وإكتمل المنهج الحياتى القويم وحرّم (عمرو بن العاص) تقديم القرابين فى مصر فقد كفت التعاليم السمحة عن هـدر ارواح البشر. وقد نهانا سبحانه عزّ وجلّ بعدم الإفساد فى الارض ويوافقنا تماماً قوله تعالى (ظهر الفساد فى البر والبحر بما كسبت أيدى الناس) الروم 41 نحن الان نجنى ثمرة ما قدمت ايدينا وفقاً لقوله تعالى (ليذيقهم بعض الذى عملوا لعلهم يرجعون) الروم 41. وأول نص صريح فى ضرورة الحفاظ على مياه الشرب هو منع القاء اى مادة ملوثة فى المياه التى تستخدم فى الشرب أو الوضوء او الإستحمام وذلك لقوله "صلى الله عليه وسلم " (لا يبولن أحدكم فى الماء الدائم ثم يتوضأ منه فإن عامة الوسواس منه). وكذلك قوله عليه افضل الصلوات والسلام (إتقوا الملاعن الثلاث البراز فى الموارد وفى الظل وفى طرق الناس). وقد أمرنا ايضا بضرورة نظافة الشراب والطعام فارشـد الى عـدم ترك وعاء المـاء مفتوحاً او مكشوفاً للذباب والميكروبات والاتربة فى حديثه الشريف (غطوا آنيـتكم وأذكروا اسم الله). وفى الالـتزام بهـذا المنهج الربانى ما يكفينا تماماً وما يوفر علينا الآف بل مئات الآف من الجنيهات.

9. المراجع

1. Abdullah, A. and Ali, M. (1979) Residues of Organics. Chlorine in Fish of Lake Nubia. Working Paper, Khartoum.

2. Caroline Dejong Boom (1990) ENVIRONMENT PRBLEMS IN SUDAN. Part 1. Khartoum University press.

3. Meinvan Noor Dwijk (1984) ECOLOGY TEXT BOOK FOR THE SUDAN. Khartoum University press.

4. Micheal Common (1988) Environmental Economics. An Introduction. Longman. New York.

5. People daily.comhttp://arbic.

6. Roghia Ahmed Ali (2003) Assessment of Industrial Liquid Water Management. Industrial Water Aria.

7. www. Acpss.org\ Arabic

8. www. Bintjbeil. Com

9. www. Iraq center. Com.

10. www. Kefaya.org.\report

11. www. Unesco.org

12. www.aun.edu.eg

13. www.Batoota.com

14. www.Goggle.Com.

15. www.Islam.

16. إبتهاج صديق وأخريات (2003) التنمية المستدامة. ماجستير تنمية إقتصادية. جامعة النيلين.

17. أحمد رشيد. هناء الحسن رشيد (1981م) علم البيئة. معهد الانماء العربى. بيروت.

18. أحمد عبد الظاهر وعبد الله الطرزى (1998م) الانسان والبيئة. الموارد لطبيعية والتلوث. جامعة اليرموك. دار اليرموك للنشر. عمان

19. أحمد عبد الله يوسف (2000) بحث بعنوان التلوث بالزيت وأثره على الاحياء البحرية. جامعة ابحر الاحمر. كلية علوم البحار.

20. احمد عبد الوهاب (1991م) كيف تحمى اسرتك من الاصابة بالفشل الكلوى والكبدى والسرطان. الدار العربية للنشر والتوزيع. القاهرة

21. الاستراتيجية وخطة العمل القومية للتنوع الاحيائى (2002). الخرطوم.

22. إسماعيل محمد المدنى (1995م) بيئتنا فى خطر (قصص واقعية عالمية) جامعة الخليج العربى. البحرين.

23. أمل سعيد (1999م) تلوث المياه الجوفية بولاية الخرطوم. كلية الهندسة المدنية. جامعة الخرطوم.

24. أميمة عطية حسن (2003) تقييم لمعالجة المخلفات السائلة بالكروم. بحث لنيل درجة الماجستير فى علوم الارض. جامعة امدرمان الاسلامية.

25. انطونى فشر (2002) إقتصاديات الموارد والبيئة. دار المريخ. الرياض.

26. أنيل اجاروال وآخرون. ترجمة بروف عصام بوب (2002) الادارة المتكاملة لموارد المياه. الدنمارك.

27. البيئة والتنمية (1986م) ورقة عمل. المؤتمر العربى الوزارى الاول حول الاعتبارات البيئية فى التنمية. برنامج الامم المتحدة. تونس.

28. التقرير الاستراتيجى السنوى (2002) وزارة الصحة الاتحادية. الخرطوم
29. توفيق أحمد الجاك (2000) بحث بعنوان إقتصاديات الصحة. ماجستر تنمية إقتصادية. جامعة النيلين.
30. جمعية أصدقاء البيئة بالاسكندرية (1996م) الدليل المبسط لحماية البيئة والصحة فى مصر. الاسكندرية.
31. حسن بشير (2003) الأساليب الاقتصادية لتقيم وتسعير الاصول البيئية. دار الظلال للطباعة. الخرطوم.
32. حسن بشير (2003)محاضرات فى البيئة والتنمية المستدامة. ماجستير تنمية إقتصادية. جامعة النيلين.
33. خالد محمود عبد اللطيف (1993م) البيئة والتلوث من منظور إسلامى. دار الصحوة. القاهرة.
34. دراسات البيئة والموارد الطبيعية. (2000) وزارة العلوم والتقانة. المركز العلمى للبحوث.
35. دراسة حول تطوير تشريعات وقوانين إستخدام وتنمية الموارد المائية (يونيو 2.. 2م) (مؤتمر).المنظمة العربية للتنمية الزراعية.جامعة الدول العربية. الخرطوم.
36. رقية أحمد (2004) صيدلية ود البشير. فرع امدرمان (مقابلة شخصية).
37. سامية بابكر محمد (1998م)قضايا الوعى البيئى والتنمية المستدامة فى السودان. مركز محمد عمر بشير للدراسات السودانية. الجامعة الاهلية. الحرم للمنتجات الورقية.
38. ساندرا بوستيل (1994م)الواحة الاخيرة. مواجهة ندرة المياه. دار البشير والتوزيع.

39. سحر حافظ (1995) الحماية القانونية لبيئة المياه العذبة. الدار العربية للنشر والتوزيع. القاهرة.

40. سليمان أحمد سيد احمد (1999م) الزراعة وتحديات العولمة. سلسلة الدراسات الاستراتيجية. مطبعة الادارة العامة للارشاد والزراعة.

41. سمير رضوان (2002) دمار البيئة. دمار الانسان. كتاب العربى. الكويت.

42. سميرة نهار(2002) محاضرات فى إقتصاديات الصحة. معهد الدراسات الانمائية. جامعة الخرطوم.

43. صحة أفضل لنساء العالم من خلال تنظيم الاسرة (1987م) تقرير حول المؤتمر الدولى المنعقد بنيروبى.

44. الطيب أحمد المصطفى حياتى (1998م)الموارد البيئة والتنمية فى السودان. مركز الدراسات الإستراتيجية. الخرطوم.

45. عبد الرحمن محمد عيسوب (1997م) علم النفس البيئى. منشأة المعارف. الاسكندرية.

46. عبد المنعم بليغ (1987)الماء ودوره فى التنمية. دار المطبوعات. قسم الاراضى والمياه. جامعة الاسكندرية.

47. عثمان التوم حمد (2002) مستقبل البحث العلمى فى مجال المياه. ورشة عمل. الخرطوم.

48. عثمان السيد (2003)محاضرات غير منشورة فى ادارة التنمية. ماجستير تنمية إقتصادية. جامعة النيلين.

49. عثمان ميرغنى (2004) قسم الدراسات البيئة. جامعة الخرطوم (مقابلة شخصية).

50. عديلة عبد العظيم (2004) مركز المختبرات والبيئة. وزارة التخطيط العمرانى (مقابلة شخصية).
51. عيسى عبد اللطيف (1993)المنظور البيئى للتنمية. الجمعية السودانية لحماية البيئة. الخرطوم.
52. كرسى اليونسكو للمياه (2002) دراسة بعنوان حماية وتطوير شواطئ النيل بمركز الخرطوم. الخرطوم.
53. كمال الدين محمد عثمان (2002) ورقة عمل بعنوان مشكلة تهديد الموارد الطبيعية والمتجددة فى السودان.ماجستير تنمية إقتصادية. جامعة النيلين.
54. مؤتمر مياه الشرب (2003) الهيئة القومية لمياه الخرطوم.كرسى اليونسكو
55. مجدى ابو حراز (2004) مدير قسم إقتصاديات الصحة. وزارة الصحة الاتحادية. الخرطوم (مقابلة شخصية).
56. مجلة البيئة والتنمية (1996م) البيئة والمستقبل العربى. العدد الاول.
57. مجلة التقييس (ديسمبر 2.. 2م) المبيدات والآثار السالبة على البيئة.العدد 5.الخرطوم.
58. مجلة العربى (2004) ميثاق بيئى عالمى. العدد 545.
59. مجلة العربى (2003) بيروت تحتضن إحتفالية يوم البيئة العالمى. العدد 537
60. مجلة العربى (2003) العرب واكبر مؤتمرات التاريخ.العدد531.
61. مجلة العربى (2001) الزراعة متهمة.العدد498.
62. مجلة العربى (2004) ثقب الاوزون يعاود الاتساع. العدد 545.
63. مجلة سد مروى (2003) ظاهرة تلوث المياه. العدد الثانى.
64. محمد على السيد (1998م) الاقتصاد والبيئة. المكتبة الاكاديمة. القاهرة.

65. وادى إسماعيل (2004) مفتش الامن الصناعى. شركة الخرطوم للغزل والنسيج (المصنع اليابانى) (مقابلة شخصية).

ABOUT THE AUTHOR

Issam AW Mohamed was born in 1955 in Kenoor, North of Sudan.
He got his education in Cairo and Khartoum Universities for his
university and master's degrees. He studied more in England and
went to Nagoya Imperial University, Japan to study for PhD.

After he got his degree he went back to Sudan to teach at the
department of Economics at Alneelain University, Khartoum-
Sudan. He is more known to the people in his country as Professor
Bob with his critics of the regime and humanitarian acts and
liberal thoughts.

Professor Dr. Issam AW Mohamed is affiliated to the
department of Economics, Alneelain University, Khartoum-Sudan.
He teaches econometrics, quantitative, International, micro and
macroeconomics. He has hundreds of academics papers published
domestically and globally in English, French and Japanese
languages. Hundreds of post graduate students studied with him
for their Master and Doctorate degrees. Many of them from other
countries and other universities. His writings other than
economics are on human welfare and economics of law which
represents milestone, especially in a country that suffers from
economic mismanagement, corruption and totalitarian regimes
since its independence in 1956

www.ingramcontent.com/pod-product-compliance
Lightning Source LLC
Chambersburg PA
CBHW051343170526
45166CB00002B/932